普丁的俄羅斯帝國夢

王家豪
羅金義 著

▌推薦序

　　2022年2月24日，俄羅斯總統普丁以「非納粹化及非軍事化」為理由，向烏克蘭發動「特別軍事行動」，全面入侵，震驚全世界。雖然自2021年年底，俄羅斯已經在俄烏邊境陳列大軍，軍演頻頻；但當時國際社會主流意見並不認為普丁真正會向烏克蘭發動戰爭，他的作戰姿態不過是談判之用而已。這種公然違反國際法入侵一個主權國家領土的舉措，立即將普丁置於一個「被告者」的地位，一個國際秩序之「破壞者」，一個「壞人」。3月2日，聯合國大會特別緊急會議以141票贊成，五票反對和35票棄權，通過譴責俄羅斯侵略烏克蘭並要求俄國撤軍的決議；一時之間，俄羅斯成了國際間之「過街老鼠」，人人喊打。

　　然而，俄羅斯悍然發動了自二次世界大戰以來的歐洲第一場戰爭，影響深遠；其來龍去脈不能以簡單的「好人」和「壞人」的二分法，或者國際秩序的「破壞者」等貶詞說清，要令讀者深刻地瞭解一件國際大事發生的前因後果，必須作多角度的分析。俄烏戰爭發生後，坊間的評論一般都以西方媒體所刊載的為主，對於俄方的立場鮮見分析。另外，對俄羅斯總統普丁的政治路途之曲折發展，在華文評論界更加少見。

　　王家豪及羅金義兩位學者所著的《普丁的俄羅斯帝國夢》，補足了這方面的缺陷。此書「希望透過比較嚴謹和多

角度的方法來探討『俄羅斯帝國夢』這個更富有整體性的命題，為有心認真了解事態的讀者……提供多一種選擇。」事實上他們利用了豐富的俄、英、中等語文資料及評論作了深刻的論述，特別是引用原始的俄文材料，在華文的政治論著中是極罕有的。

在兩位學者深入分析解剖下，一個立體而多維度的普丁呈現在讀者眼前，一個不僅僅是「赤膊騎馬」的強人或者柔道高手，而是在1990年代末成為葉爾欽繼承人，在蘇聯共產體制崩潰及西化的經濟「休克治療法」失敗後，變成肯定俄國從來都是一個世界大國的專權領袖。雲詭波譎的政治鬥爭當中，如何從初任總統時碰到核子潛艇「庫斯克號」（Kursk）沉沒之大危機時手足無措，變成一個在2020年修憲公投中取得投票者中的78%的支持，從而令他在2024年任滿後有可能「永續執政」的領袖。期間，他運用手段，合縱連橫地制約了地方政府，控制了司法機構，系統地消滅反對派，減少媒介的影響，設立網路監管機制，擊破財經大閥，分化公民社會組織，限制外國的干預等等措施，但仍然取得國內大多數民意的支持。書內有詳細分析。

普丁認為蘇聯崩解是「20世紀最大的地緣政治災難」，但是他並不依戀蘇聯的體制，他似乎更有俄羅斯沙皇時代的「帝國野心」。在2021年7月，普丁發表〈俄羅斯人和烏克蘭人的歷史聯繫〉，內文強調烏克蘭人為俄羅斯人，而烏克蘭的獨立實是一種「歷史扭曲」。

除了普丁的「傳統主義」外，書中更介紹及論述了俄羅

斯在中亞諸國的長期戰略、和中國的關係,更且遠至南美洲諸國的交往,以及東協對俄羅斯之態度等。此書無疑成為了蘇聯解體後的俄羅斯政治發展史,對瞭解將來全球國際關係的變化,極具參考價值。

此外,本書雖是嚴肅分析國際關係的著作,但作者文筆流暢,論述清晰,令讀者極易吸收其有時頗為艱澀的觀念。更有一點值得稱讚,就是作者利用三部當代電影的素材(《庫爾斯克號:深海救援》(Kursk);《普立茲記者》(Mr. Jones)以及《長沙里之戰:被遺忘的英雄》),以軟性的手法、感性的語言,襯托或譬喻出作者所要解釋或說明的關鍵論點,令人耳目一新。雖然藝術性作品往往有戲劇化的成分,作為輔助說明的材料,如果能提高讀者閱讀的興趣,是值得創新嘗試的。

俄烏戰爭已達四個多月,目前看來雙方並沒有停戰的跡象。一方面,俄羅斯軍隊固然已經敗退基輔,而且損失慘重,但在烏東地區仍能控制大局,以俄羅斯這樣一個資源大國,西方制裁自不能置於死地。另一方面,西方支援烏克蘭仍然堅固,烏克蘭在俄羅斯之強力轟炸下,依然士氣如虹,人命傷亡之慘象更不能令澤倫斯基「割地」談判,雙方正陷僵局;這種僵局是否又與普丁2024年永續總統夢,欲執政至2036年有關?我期待兩位學者再接再厲,對以後的俄烏戰爭及國際政經發展繼續研究,完成「俄羅斯三部曲」。

香港嶺南大學前協理副校長、政治系前系主任

王耀宗

▍推薦序

與金義兄的結識，基本上可以說是《論語‧顏淵篇》中「以文會友」的體現，2017年底，因「一帶一路與亞洲」論文集的編纂，受邀撰寫論文，在多次信件往來與論文內容的討論之中，發現到金義兄在治學精神上的嚴謹與學識的淵博。尤其，之後在金義兄與家豪兄合著的《俄羅斯「向東轉」：東亞新勢力？》這本書裡面，個人深刻感受到兩位學者在俄羅斯議題上的「功力」，確實可說是年輕學者當中，十分優秀的學術組合。而在這本《普丁的俄羅斯帝國夢》裡面，個人又再次感受到作者們在複雜議題上，抽絲剝繭的能力與清晰邏輯的論述。事實上，《俄羅斯「向東轉」》這本書可以作為「前篇」，而《普丁的俄羅斯帝國夢》則誠如作者所言：是希望透過比較嚴謹和多角度的方法來探討「俄羅斯帝國夢」；不應該簡單地把俄羅斯視角與政治宣傳劃上等號。對於烏克蘭戰爭的緣由、背景、影響、發展，以至於對世界秩序的重構，有著深入淺出的論述。

其實，令人驚豔的是，作者們很巧妙地在一開始，就藉由電影場景的切入，將俄羅斯與普丁的認識與理解，透過庫斯克號災難事件，顯現出這個充滿迷霧的民族、政府與社會，在歷史節點上的點滴，很值得讀者將原本的知識與印

幸運，卻也是民族命運悲劇的根源。」回顧歷史，可以發現地理環境的惡劣與酷寒，突顯生命在其中的脆弱，而東正教（Eastern Orthodoxy）的神祕主義內涵，則正好成為撫慰人心的寄託，君主獨裁使得集體主義與英雄崇拜有了完整的出口，如同杜斯妥也夫斯基（Fyodor Dostoevsky, 1821-1881）的說法，俄羅斯是世界唯一背負上帝重任的民族。而東羅馬帝國的滅亡，就堅定了俄羅斯自我「神聖」的概念。又如同當代英國歷史學家朗沃斯（Philip Longworth, 1933-）所言，這樣的地緣條件形成特殊的公社主義（Communalism）精神，「犧牲個人、成就大我」成為其社會的正義結構，也促使高度的組織需求成為必須，集權與專制就伴隨著信仰建構出統治的正當，也造成生活過程中的暴戾傾向。而上述學者、文人所言，其實就顯現出：欲理解俄羅斯就必須綜合歷史、民族、社會、地緣、宗教、權力競逐等各方面入手。無奈，其中涉及的文獻繁多、複雜又充滿矛盾與謬誤，確實是治學上相當困難的部分，以至於論述各異、莫衷一是。

個人認為這本書，雖然不能成為理解俄羅斯的「捷徑」，但其中章節的安排與概念邏輯的連結，確實可以導引讀者在認知的過程中，透過問題意識的建構，組建出自己的知識架構，並透過各章節的核心議題與議題之間的連繫，反思目前坊間的各項論述，對於複雜的權力競逐與各方意識形態主導下的報導，有更深入的自我認知與獨立思考的空間。無論閱讀的目的是人文關懷、事件好奇、學術研究，或是閒暇排遣，這本書是值得用心體會的佳作。而在閱讀方法上，

初淺的建議是先看目錄，並由其中尋找、搜索自己的印象，若時間允許，更強烈建議在閱讀前，簡略寫下該等印象，再深入各章節，去發現作者所論與自己印象之間的差異。如此，將在印象與論著之中，形成自我反思，導引自己的思考，進而能在這個議題上，建構讀者自己獨特的理解。

因此，就忙碌的現代人來說，本書確實是「簡潔明晰」。對俄羅斯、普丁、烏克蘭戰爭覺得好奇嗎？不想隨波逐流跟著媒體「人云亦云」，而想在這個議題上「言之有物」嗎？那就趕快翻開這二百來頁的書本，瞧瞧看吧！

義守大學通識教育中心教授

何燿光

目次

圖目次

導言

　　俄羅斯總統普丁（Vladimir Putin, 1952- ；編按：港譯普京）宣布對烏克蘭展開「特別軍事行動」（special military operation）之後3個多月，2022年6月上旬他在一個紀念彼得大帝（Peter the Great, 1672-1725）誕辰350週年的活動上侃侃而談這位沙皇在大北方戰爭（1700-1721）中擊敗瑞典，從而稱霸波羅的海的故事。普丁強調彼得大帝不是攫取了什麼，而是重奪固有的東西；他在聖彼得堡建都之時，沒有一個歐洲國家承認那是俄羅斯領土。普丁說：「在國家的歷史上，我們曾經有被迫退讓的時候，但我們只會重新振作，然後繼續前進。」國際輿論視普丁自詡為彼得大帝，一時之間成為傳媒焦點（AFP, 2022），普丁滿懷俄羅斯帝國夢之說，又添新例。

　　自從對烏作戰開打，俄羅斯研究再次備受重視，人們爭相關注關於這個國家的資訊，嘗試瞭解俄烏衝突的原因和影響。面對對於資訊和評論的龐大需求，華文傳媒和網路世界出現了各式各樣的「專家」，紛紛聲稱自己「成功」預測到烏克蘭戰爭爆發。不過弔詭的是，即使是長期研究俄羅斯政治的學者和專家，很多也不及上述一眾「預言家」厲害（麥克李，2022）——一直以來，固然有專家分析了俄羅斯

具備入侵烏克蘭的動機，例如攻勢現實主義理論大師米爾斯海默（John Mearsheimer, 1947-）多年前已提醒北約東擴對俄國構成存在性威脅（Mearsheimer, 2014），雙方的地緣政治衝突將會無可避免地發生；不過莫斯科也有更多不發動戰爭的理由，尤其是俄國專家早已指出侵略烏克蘭的代價不菲（Timofeev, 2021），包括陷入長年戰爭、被國際社會進一步孤立和更嚴重的經濟制裁等等，故此他們傾向認為俄方的行徑只是為了跟西方討價還價。說到底，烏克蘭危機複雜如千頭萬緒，本書希望透過比較嚴謹和多角度的方法來探討「俄羅斯帝國夢」這個更富有整體性的命題，為有心認真了解事態的讀者，在眾多「忽然神算」之外提供多一種選擇。

　　誠如美國前國家安全顧問布熱津斯基（Zbigniew Brzezinski, 1928-2017）所言：「沒有烏克蘭，俄羅斯就不再是一個歐亞帝國」（Brzezinski, 1997）。掌控烏克蘭地緣政治顯然是普丁「俄羅斯帝國夢」的重要一著，但要全面了解他的對烏策略，不能不先明瞭俄羅斯的內政起伏、歐亞融合和國際影響力等諸多層面的變化。為了將大國願景付諸實踐，克里姆林宮多年來謀求建立穩定的政治體制、復興地區霸主的地位和爭取與其他大國平起平坐的關係，這是理解烏克蘭危機的三個重要方面。為了克服國內政治和社會動盪，克宮提出「主權民主」（Sovereign democracy）概念，強調以俄羅斯為首的歐亞國家應該探索獨特的民主發展道路。當烏克蘭追求西式自由民主和進行深層次政治改革時，勢必影響到

「俄羅斯模式」的認受性,甚至延伸到自由主義與威權主義的鬥爭。在普丁爭取第三個總統任期的參選綱領中,他倡議俄羅斯推動建立歐亞經濟聯盟(Eurasian Economic Union, EAEU),旨在重新劃分勢力範圍,惟最終得不到烏克蘭的支持,箇中原因很大程度上是基於其軟實力不足,未能透過經濟發展和制度創新去說服基輔。如今烏克蘭致力與歐盟融合,遭受俄羅斯採取軍事手段制止,是否就反映莫斯科的地區政策到了黔驢技窮的地步呢?在普丁所憧憬的多極世界觀中,俄羅斯應該與美國和中國等大國平起平坐,而且各自擁有勢力範圍,以確保其國家利益在重大國際議題上得到充分考慮。儘管克里姆林宮曾多次強調烏克蘭問題屬於其合理安全關切,而美國和北約卻一直無視其申訴,普丁最終以此理由出兵烏克蘭。

　　過去20多年間,國際關係學者和俄羅斯專家對上述領域作了深入探討,在不同程度上成為本書分析框架的重要基礎。要瞭解俄羅斯國內政治發展,首選名著*Russian Politics and Society*(Sakwa, 2008),當中涉獵了政治制度、地方和民族主義、經濟和社會發展及民主化的困境等議題。英國曼徹斯特城市大學歷史系學者的*Politics Russia*(Danks, 2009)也對俄國政治發展提供全面闡釋,包括行政和立法機構、公民社會、政策過程等發展。關於歐亞的地緣政治,兩位劍橋大學學者編著的*The Eurasian Project and Europe: Regional Discontinuities and Geopolitics*(Lane & Samokhvalov, 2015)全面探討了普丁的歐亞主義思想和區域融合方略;兩位俄

羅斯聖彼得堡國立大學的教授合著的*The Russian Project of Eurasian Integration: Geopolitical Prospects*從俄國視角來探討歐亞經濟聯盟的成因和前景，並且嘗試提出「跨區域主義」（transregionalism）作為歐亞融合的理論基礎（Vasilyeva & Lagutina, 2016）。至於有關俄羅斯的外交政策分析，美國舊金山州立大學政治學教授齊甘科夫（Andrei Tsygankov, 1964-）的名作*Russia's Foreign Policy: Change and Continuity in National Identity*不容錯過，它闡釋了俄羅斯的國家認同如何塑造其國家利益和外交政策，也是俄國建構主義學派的代表作（Tsygankov, 2019）。不過，國際關係理論研究在俄羅斯的主流仍然是結構現實主義，其中以莫斯科國立國際關係學院的博加圖洛夫（Alexei Bogaturov, 1954-）教授最具代表性，名著是*International Relations and Russian Foreign Policy*（Bogaturov, 2017）。

　　站在大師們的肩膀上，我們再一次嘗試看得更遠更清楚——在秀威公司的慷慨支持下，2021年初我們出版了《絲綢之路經濟帶，歐亞融合與俄羅斯復興》（王家豪、羅金義，2021b）；在俄烏戰爭及新冠疫情的背景下，本書可以視為《絲》的下集，既為前作的宏觀分析作更為寬廣的引伸，也將之應用到最新的事態變遷。方法上，一方面我們沿用前作的「事件探討進路」（Issue inquiry approach），讓讀者比較容易進入議題；另一方面，我們在適當的議題嘗試用軟性的方法去推展嚴肅的分析，包括幾篇影評和人物特寫；而也許最重要的是，本書比前作更大量地參考俄方的學術論文、智

庫研究報告和新聞評論，以呈現坊間輿論中比較單薄的俄羅斯觀點。需要強調的是，我們不應該簡單地把俄羅斯視角與政治宣傳劃上等號，反而當大家看到不少華文媒體依賴西方材料去表述事態時，我們明白這方法有助進行比較分析、瞭解差異，也有利於大家更持平、深入地理解俄羅斯帝國夢和烏克蘭危機的底蘊。西方理性千年傳統講究「Audi alteram partem」原則，或譯「讓另一方被聽到」，除了一些極之簡化的所謂「預測」，科學方法和過程都是本書在乎的，這是我們跟「預言家」的根本差別之一。

我們談普丁的「帝國夢」，「帝國」（empire）的意涵跟19世紀以來開始流行使用的「帝國主義」（imperialism）不盡相同。普丁思想中的「帝國」，也許比較「前帝國主義」，哈佛大學歐洲史大師麥爾（Charles Maier, 1939-）的定義頗堪參照：「帝國，就其古典意涵而言，通常被認為是，第一、藉著征服與脅迫擴大其控制；第二、控制其所征服之領地的忠誠。其或直接統治這些臣屬之地，或任命順從的在地領導者代其治理，但他們之間絕非是平等夥伴的結體系。」（曾國祥、劉佳昊，2022：10）

本書分為六章。「外交是內政的延伸」，首兩章聚焦俄羅斯自蘇聯解體以還的國內政治變遷，綜觀初期對民主化的冒進與其後的畸變，以及普丁力保政權穩定的關鍵與波折。第三和第四章闡釋普丁的歐亞融合雄圖，包括烏克蘭危機的來龍去脈，以及歐亞經濟聯盟成員國各自面臨的重大挑戰跟俄羅斯的野心如何千絲萬縷。第五和第六章分析普丁政權在

第一章
引論：從蘇聯解體到普丁專制的迂迴曲折

　　仔細解析普丁的帝國夢之前，必先回顧俄羅斯聯邦如何從蘇聯解體之災，幾經起伏跌宕而回歸威權統治的路徑。本章嘗試提供一個簡明版本。

　　1980年代以還，中國和蘇聯各自推動改革。鄧小平致力將中國經濟向全球開放；蘇聯在布里茲涅夫（Leonid Brezhnev, 1906-1982；編按：港譯勃列日涅夫）治下飽歷經濟蕭條，自由派對中國式經濟改革抱有憧憬。戈巴契夫（Mikhail Gorbachev, 1931- ；編按：港譯戈爾巴喬夫）成為蘇聯最高領導人之後，提出「重建」（Perestroika），同時推動市場改革和政治民主化；他的改革對1989年北京天安門廣場的政治抗爭者有所啟發，甚至有言論要求中國政府仿效蘇聯。

　　天安門事件一度成為中俄兩國改革路線分歧的分水嶺。北京以鷹派方式鎮壓學運，重整共產黨的領導地位，寧左勿右；此後，中國各代領導鮮有觸碰實質的政治改革，自由化民主發展停滯不前。戈巴契夫則選取鴿派立場，以溫和手段處理政治危機；莫斯科沒有出兵干涉東歐走向政治自由化的劇變，也默許俄羅斯和其他前蘇聯加盟共和國獨立，促成蘇

聯和平解體。然而，經歷葉爾欽（Boris Yeltsin, 1931-2007；編按：港譯葉利欽）時代短暫的政治多元化之後，俄羅斯還是在普丁治下走上專制之途。

紅場沒變天安門，之後……

　　戈巴契夫認識到蘇聯計畫經濟的缺失，在他成為最高領導人之後推行改革，「重建」旨在改善經濟，卻導致經濟衰退。1987年起他推動「開放」（Glasnost）──一項更廣泛的改革，倡議民主化，甚至允許多黨選舉和減少媒體審查。1989年5月，正值數以千計的學生在天安門廣場抗議，戈巴契夫到訪北京參加峰會，以促成中蘇關係正常化。對中國而言，戈巴契夫推動的改革釀成意識形態挑戰，因為它展示極權社會主義國家轉型的方法（Lukin, 1991）。爭取民主的中國示威者某程度上受到戈巴契夫改革的啟發，天安門廣場上不乏附上俄文的橫幅。後來這位蘇聯領導人亦私下向遇害的中國抗爭者表示同情，曾經慨嘆：「我不希望紅場變成天安門廣場。」（Профиль, 2009）他深信，政治自由化是將政權與人民重新連結起來的唯一非暴力途徑。

　　1989年天安門事件之後，戈巴契夫認識到中國片面進行經濟改革的弊端，引伸到推動蘇聯政治自由化的必要性。有別於中國學生示威最終流血收場，東歐一些國家發生和平的權力交接。戈巴契夫為蘇聯外交政策提出「新思維」（New Thinking），強調全球相互依賴而非對抗。他摒棄布

里茲涅夫主義（Brezhnev Doctrine），拒絕派兵干預東歐社會主義國家決定自己的發展道路。天安門事件發生當天，波蘭團結（Solidarity）工會在參議院選舉大勝，取代共產黨。其實早於同年5月，匈牙利拆除與奧地利之間的邊界圍欄，成為首個「打破鐵幕」的東歐社會主義國家。同年11月，柏林圍牆倒下，東德和西德領導在戈巴契夫同意下走上國家統一之路。同月，捷克斯洛伐克發生「天鵝絨革命」（Velvet Revolution），推翻共產黨政權，戈巴契夫也沒有像20年前一樣派遣坦克入侵布拉格。

弔詭的是，戈巴契夫的「重建」動搖了共產黨的管治威信，帶來不穩。改革派視戈巴契夫的改革過於保守，而保守派則視之過於激進（Danks, 2009）。他呼籲重新定義馬克思主義，其後更廢除馬克思主義的指導地位。蘇聯的意識形態呈真空狀態，鼓勵了民族主義和愛國主義的興起；特別在俄羅斯，人民逐漸發現俄羅斯與蘇聯之間的利益矛盾，不再願意承擔蘇聯的帝國包袱。1990年6月，俄羅斯蘇維埃聯邦社會主義共和國通過主權宣言，成為主權國家；一年後葉爾欽當選為俄國總統；1991年8月，蘇聯強硬派組成國家緊急狀態委員會，試圖對戈巴契夫發動政變，葉爾欽借助政變取得民意授權，藉此消除戈巴契夫和共產黨的政治影響力。隨著獨立國家國協（Commonwealth of Independent States）的成立和戈巴契夫的辭職，蘇聯不復存在。

葉爾欽民主夢破

天安門事件影響所及，獨裁主義的蘇聯解體，國內外對嘗試帶來「民主」的俄羅斯聯邦寄予厚望。可惜葉爾欽執政能力薄弱，客觀上出現權力分散之局，引致政局動盪不安。他的繼任人普丁重新集權，並成功解除其他權力機構對總統的掣肘。在普丁治下，總統實際上不再向立法、司法機構負責，權力制衡逐漸消失於俄羅斯。

有別於主流西方媒體的形塑，葉爾欽的管治實際上不是令人滿意的民主實踐。他對俄國進一步民主化猶豫不決，令蘇聯解體帶來的只是政權更迭而不是制度的轉變（Sakwa，2008）。俄國於1993年憲政危機後制定新憲法，大幅加強總統權力，令之漸漸不再受議會和法院掣肘；葉爾欽時代的聯邦制度改變造成地區不穩，應對車臣獨立運動的手段亦有違民主精神；更有甚者，葉爾欽任內助長寡頭商賈冒起，扭曲俄羅斯的政治發展，禍延至今。

顧慮到對政局的衝擊和喪失權力的風險，葉爾欽在俄羅斯聯邦成立之初未有重新舉行總統和議會選舉，也沒有訂定新憲法，結果葉爾欽續任俄國總統，蘇聯憲法和議會卻獲得保留。儘管共產黨實際上掌握蘇聯的最高決策權，憲法名義上列明最高蘇維埃為權力最大的機構。蘇聯解體後，舊憲法未能說明到底是葉爾欽還是最高蘇維埃的權力較大，俄國出現並存的權力核心，隱藏行政─立法權鬥的危機。制定新憲

法迫在眉睫，以重新劃分俄國政體內的權力分布。

　　由於葉爾欽和最高蘇維埃都不願損失權力，雙方拒絕妥協，權力鬥爭勢成水火；加上葉爾欽在經濟上推行「休克療法」（Shock Therapy），進一步加劇行政和立法機構之間的政治分歧和利益矛盾——最高蘇維埃代表是計畫經濟舊結構的既得利益者，對葉爾欽的經濟改革諸多阻撓。最高蘇維埃於1992年底向葉爾欽施壓，迫使他辭退「休克療法」之父蓋達爾（Yegor Gaidar, 1956-2009）。1993年9月，葉爾欽頒布總統令，解散最高蘇維埃和關閉憲法法院。最高蘇維埃批評總統令違憲，以彈劾葉爾欽作回應。最終，葉爾欽指揮軍隊攻擊國會大樓，造成187人死500人傷——1993年俄國憲政危機彷彿是葉爾欽版本的「天安門事件」。

　　隨著議會失勢，俄國舉行新議會選舉，通過新憲法，賦予總統巨大權力，有權發布總統令、任命總理和挑選最高法院院長。這種超級總統制（Super-presidentialism）確保總統有至高無上的權力，助長政府施政不負責任（Ryabov, 2004）。此外，總統有權解散國會、提前舉行新議會選舉，彈劾總統亦變得困難。由於憲法將權力集中在總統手中，實際上毋須向立法和司法機構負責。

　　葉爾欽制定的聯邦制度充滿含混性和不對稱性。俄國當時由89個（後來改為85個）聯邦主體組成，包括49個州、21個共和國、6個邊疆區、10個自治區、兩個聯邦市和一個自治州。俄國聯邦制度混合兩種劃分原則，既按地理因素來劃分州份，而共和國則以種族為組成基礎，只分配予少數民

族。根據1992年《聯邦條約》（*Treaty of Federation*），共和國獲得的自治權遠大於其他聯邦主體，它們有權設立自己的憲法和官方語言。俄國於1993年訂定新憲法，將所有聯邦主體視為平等。不過，自1994年起葉爾欽與個別地方政府談判並簽署雙邊條約，允許它們在政治和財政上取得更大自治權。由此可見，葉爾欽的聯邦政策兼備憲法和契約因素，導致各聯邦主體之間出現不對稱權力，增加地區不穩的潛在風險。

葉爾欽的聯邦政策充滿權謀算計，試圖以地區自治權換取政治忠誠。當葉爾欽於1990年代初與戈巴契夫爭權時，他曾呼籲各地方政府：「爭取主權吃到飽」（Grab as much sovereignty as you can swallow），以換取它們支持。1992年葉爾欽簽署《聯邦條約》向各共和國作出讓步，以維護政權穩定和避免爆發內戰。1993年憲政危機期間，葉爾欽再次向地方菁英尋求支持，承諾加強地方自治和提供財政補貼。在1994年和1998年之間，葉爾欽總共與42個聯邦主體簽署權力分享條約。單在1996年，適逢葉爾欽競選連任，他跟效忠他的地方菁英簽訂的雙邊條約就多達16個。

葉爾欽的聯邦制度安撫了大多數地方政府，但卻跟車臣爆發兩場血腥戰爭。車臣伴隨其他前蘇聯加盟國於1991年宣布獨立，莫斯科擔心車臣獨立將引發骨牌效應，激發更多共和國參與分離運動。1994年12月，儘管議會和法院反對，葉爾欽頒布法令對車臣發動戰爭，造成數千名平民傷亡。三年後雙方簽署了停火協議，俄國軍隊蒙羞地撤出車臣。車臣戰

爭對俄國的國際威望造成打擊，也成為其民主化的一大陰影（Trenin, 2003）。直到1999年夏天普丁被任命為總理後，俄國發動第二次車臣戰爭，並占領其首都格羅茲尼，莫斯科安插變節的卡德羅夫（Ramzan Kadyrov, 1976-）成為車臣領導人，並重新控制該共和國。

經濟上，葉爾欽推動私有化計畫，卻造就寡頭巨賈——泛指一小拙利用高層政治關係致富的大企業家——冒起。在1992年至1994年期間，俄國政府透過代金券方式進行私有化，原意讓所有國民成為國營企業的股東，但由於當時面臨惡性通貨膨脹，很多國民廉價出售手上的代金券以換取日常必需品。寡頭商賈藉此低價購入俄國重要資產，包括天然資源企業。「七個銀行家」為最具代表性的寡頭商賈，由別列佐夫斯基（Boris Berezovsky, 1946-2013）和霍多爾科夫斯基（Mikhail Khodorkovsky, 1963-）牽頭，曾經控制俄國一半資產。他們累積財富之餘，亦投資媒體以介入政治，從而推動對他們有利的政策，進一步鞏固商業利益。

在1996年俄羅斯總統大選中，寡頭商賈為防止共產黨重新執政致使經濟政策或有朝令夕改之險，故支持葉爾欽連任。他們除了向葉爾欽提供選舉經費之外，還指示旗下媒體散播假消息來抹黑共產黨候選人。葉爾欽任內支持度曾跌至個位數，但最終在寡頭商賈的支持下奇蹟勝選連任。作為政治回報，葉爾欽任命部分寡頭商賈出任要職，並讓他們通過貸款換股（Loans-for-shares）計畫獲得國營企業擁有權。例如，霍多爾科夫斯基獲取尤科斯石油公司（Yukos），而

西伯利亞石油公司（Sibneft）則歸阿布拉莫維奇（Roman Abramovich, 1966-）所有。此外，別列佐夫斯基除了獲得伏爾加汽車製造廠（AvtoVAZ）和俄羅斯航空（Aeroflot）的控制權外，更涉足政壇成為國安會副祕書長。由此，俄國寡頭商賈掌握重要國家資產，政治影響力舉足輕重，成為克里姆林宮的權力掮客。

普丁1.0：建立垂直權力系統

　　1999年大除夕，葉爾欽基於健康理由提前下台，挑選總理普丁成為繼任人，並監督權力交接過程。普丁擔任臨時總統後馬上簽署一項總統令，授予葉爾欽及其家人法律豁免權。

　　普丁透過「垂直權力」（Power vertical）體系，將權力從議會、聯邦主體和寡頭商賈手上收歸中央。在首次公開演說中，普丁提及傳統俄國核心價值，即國家主義的重要性，提倡集體主義和由國家主導社會。他利用制度安排和非正規機制重塑俄國的社會秩序和穩定（Willerton, 2005），猶如交響管樂團指揮，操縱著各單位的活動範圍，主導俄國發展，威權主義管治的幽靈重臨（Balzer, 2003）。

　　團結黨（Unity）於1999年國會選舉前夕成立，由普丁的長期盟友紹伊古（Sergei Shoigu, 1955-）擔任主席，他最終成為了俄羅斯的國防部長。作為親政府勢力，團結黨在國會選舉中得到普丁支持，其後它當然支持後者出選總統。兩

年後，團結黨與祖國──全俄羅斯黨（Fatherland-All Russia）合併並創立統一俄羅斯黨（United Russia，統俄黨），成為下議院國家杜馬的大多數黨。自創黨以來，統一俄羅斯黨保持國會大多數黨的地位，使普丁的改革和政策在議會暢通無阻。

除了建立議會大多數黨之外，普丁還吸納體制內反對派（Systemic opposition）政黨，包括俄共產黨、公正俄羅斯黨（A Just Russia）和俄自由民主黨（Liberal Democratic Party of Russia）。這三個反對黨與統一俄羅斯黨占有國家杜馬內所有議席。即使存在政見和意識形態差異，這些反對黨在國會的投票意向很多時候其實無異於親政府政黨。反對黨深明自身勢孤力弱，無力制衡政府，唯有跟政府合作；客觀上它們淪為橡皮圖章，製造民主假象，為普丁施政增加認受性。體制內反對派的設計容許選民向政府表達不滿，同時確保統一俄羅斯黨的主導地位不受影響。

克里姆林宮還對政黨和選舉進行改革，以削弱反對派的影響力。2001年議會通過《政黨法》，規定黨員數量和政黨性質，結果大幅減少俄國政黨數目。翌年普丁推出新選舉法，將比例代表制選出的議席的當選門檻從5%提高到7%。2005年議會摒棄「混合制」（Mixed-Member System），改為單純以比例代表制（按政黨得票比率）分配議席。結果，統一俄羅斯黨在2007年的國家杜馬選舉中取得超過三分之二議席，贏得絕對多數。

普丁認為葉爾欽治下的地區自治為俄國帶來混亂和不

穩，故設法將聯邦政府的權力收歸中央。2000年他創建七個聯邦區（Federal District），在權力架構上凌駕於各聯邦主體；聯邦區由總統任命的特使領導，確保克里姆林宮能有效控制聯邦政府。與此同時，他對聯邦委員會進行改革，禁止地方首長同時出任議員，容許各個聯邦主體派出兩名代表組成上議院。聯邦委員會被改組，杜絕地方首長活躍於莫斯科政壇、左右政府施政。2004年「貝斯蘭人質危機」（Beslan School Siege。編按：貝斯蘭人質危機，或稱貝斯蘭人質事件，發生於北奧塞提亞共和國的第三大城貝斯蘭市，貝斯蘭第一中學的開學典禮遭受車臣武裝分子闖入，當時正參加典禮的師生與家長們上千人遭到脅持，最終有數百人喪命）爆發之後，普丁廢除全國的州長選舉，改由總統任命，並有權辭退管治不善的州長。為解決聯邦之間的財政不對等，他引入新稅制，要求各聯邦主體繳交更大比例的稅款予中央，然後進行財富再分配。普丁協調地區與聯邦的司法體系，指示聯邦政府廢除違憲的地區法律，並摒棄三分之二由葉爾欽政府簽署的權力分享條約。他改革聯邦制度，有助遏制地區分離勢力，但也同時削弱權力制衡和地區自治。

為免受到寡頭商賈的掣肘，普丁銳意重塑政商關係，禁止大財團涉足政壇和影響克里姆林宮施政。他嚴懲越界富商別列佐夫斯基和霍多爾科夫斯基，「殺雞儆猴」以整治寡頭商賈干政的歪風。別列佐夫斯基曾扶植普丁成為葉爾欽的繼任人，但他旗下的電視台「第一頻道」（Channel One）多番批評普丁的改革政策和處理庫斯克核潛艦（K-

141 Kursk）災難失當，最終遭到起訴、財產充公，本人流亡英國，並於2013年離奇身亡。霍多爾科夫斯基曾經公開向普丁投訴貪腐問題、向反對派提供經費，更揚言會參加2008年俄國總統大選，下場同樣淒慘——因欺詐之名被捕，名下尤科斯石油公司的資產遭到瓜分，更被監禁10年。其他寡頭巨賈，如弗里德曼（Mikhail Fridman, 1964-）、艾文（Petr Aven, 1955-）、波塔寧（Vladimir Potanin, 1961-）最終向克宮投誠，遵守普丁訂立的新遊戲規則以保障自身安全和財富。

普丁任內重整俄國經濟體系，建立國家資本主義（State capitalism）制度，由國營企業主導資本。他將戰略產業再國有化，儘管逆轉了1990年代的市場化改革，但他深信國家資本主義是維持政治穩定的必要手段。透過能源企業的再國有化，普丁重建「家產官僚主義」（Patrimonialism），由政府來分配政經利益，使商界聽命於克里姆林宮。跟普丁關係密切的「聖彼得堡幫」——由國安組成的「強力集團」（Siloviki）和以技術官僚為主的自由派，還有他的好友如季姆琴科（Gennady Timchenko, 1952-）和羅滕貝格（Arkady Rotenberg, 1951-）等，紛紛獲得國營企業的控制權而致富。除了換取商界的政治忠誠外，普丁的經濟結構重組也盡得民心。根據俄國民調機構Romir的調查顯示，77%受訪者認為此前的私有化改革造成財富分配不均，有需要作出修正（Алексеев, 2003）。由此可見，普丁打擊寡頭商賈可謂一箭多鵰。

梅德韋傑夫：虛有其表的「現代化」

俄國憲法規定總統只能連任兩屆，普丁首度卸任總統之後挑選梅德韋傑夫（Dmitri Medvedev，1965-）為繼任人，自己改任總理。

梅德韋傑夫提倡現代化，推出一系列改革措施去提升市場競爭和多元化。不過他跟普丁和彼得大帝等改革派領袖一樣，嚮往歐洲的經濟模式，但卻忽略民主、法治、市場經濟等現代化基石。結果，他的政治改革效果顯得微不足道，未能為政制帶來結構性發展（Jonson & White, 2012; Wilson, 2015）。這歸咎於他未能組建自身的執政團隊，權力機構還是跟普丁保持緊密關係，後者仍是俄國實際上的最高領導人。梅德韋傑夫的政治貢獻寥寥可數，充其量只有提升普丁的垂直權力體系的效率。

梅德韋傑夫改革政黨和選舉，旨在加強政權的認受性，而非促進政治多元化。2009年他規定國家杜馬候選人必須收集簽名以登記參選，並略略減少收集簽名的數量。但反對派批評當局可肆意裁定簽名無效，阻撓反對派人士參選。與此同時，他提出得票率達5%但未能超過7%門檻的政黨可獲得補償議席（Consolation seat），但實際上未有政黨於2011年國家杜馬選舉中得以分配這類議席。他也沒有重設州長選舉，而是將州長的提名權授予議會多數的統一俄羅斯黨，克里姆林宮則保留任命權。

梅德韋傑夫提出的政治改革虛有其表，反而是推動提高政府效率的措施更見成效。他充當普丁的「白手套」，推行具迫切性但不受歡迎的政策，革新垂直權力體系，為普丁第三個總統任期作準備（Golts, 2011）。就職後不久，梅德韋傑夫在缺乏公投和諮詢的情況下修改憲法，將總統任期從四年延長至六年。政府推出自願辭職計畫，藉此裁走老齡地方首長，他從中央委派年輕技術官僚到地方政府。在梅德韋傑夫治下，只有35.7%州長獲得重新任命。相對而言，普丁任內近七成地方首長獲連任。

普丁2.0：受操縱的政治「競爭」

　　普丁第三個總統任期於2011年大規模反政府示威的陰霾當中起始，其時成千上萬年輕莫斯科居民聚集抗議選舉舞弊，也不乏反對普丁再當總統的聲音。大型抗議活動未能阻礙普丁重新掌權，但卻展現垂直權力體系的缺陷。為了加強管治，他軟硬兼施以回應大眾訴求。

　　普丁稍微開放選舉競爭，大前提是結果要在克里姆林宮的控制之內。時任總統梅德韋傑夫於2011年底對選舉進行改革，包括恢復州長選舉、簡化政黨登記程序和重新採用混合制。不過，克里姆林宮透過篩選州長候選人和動用行政資源，仍然主宰州長和議會選舉結果。2016年的國家杜馬選舉，儘管參選政黨數目增加，但所有議席仍是由統一俄羅斯黨和其他體制內反對派政黨瓜分。克宮不時褫奪體制

外反對派人士的參選資格，努力將他們邊緣化，限制他們參選以避免提升其認受性。這種「操控式民主」（Managed democracy）使大部分國民認為沒有任何政黨能代表他們的利益，看似穩定的政局之下其實暗湧潛行。

除了在受操縱的情況下增加競爭之外，普丁重塑管治階層內部的權力動態，並將集體領導制度化。他認為自由派要為2011年反政府示威問責，支持政治開放的自由派進一步失勢，梅德韋傑夫的部分政策亦遭撤回。普丁傾向以強力集團倡導的方式嚴打大規模示威，由重要權力機構組成的國安會於2011年進行改革，大幅加強該組織的政治影響力。前聯邦安全局局長帕特魯舍夫（Nikolai Patrushev, 1951-）擔任國安會祕書，成為俄國政治體制的「大哥」，直接聽命於總統。國安會定期舉行會議，特別在普丁作出重大戰略決策前——例如吞併克里米亞——以協調政策和加強執行效率。迄此，俄羅斯重歸專制之路已然完成。

專制的新瓶舊酒

三權分立的意義在於政治體制內的權力制衡，為各個權力機關設限，防止濫權。它是西方自由民主制度的基礎，講求行政、立法和司法機關獨立運作和互相制約。中國領導人從來不支持黨政分開，更遑論三權分立。八九民運之後，中國領導人加倍強調共產黨的領導地位，深信西方的權力制衡會削弱黨的權威（Johnson & Kennedy, 2015）；現任國家主

席習近平謹記蘇聯一夜之間解體的教訓，訓誡黨員切勿重蹈戈巴契夫改革的覆轍，並加強監控各個領域，在政治自由化中撤退下來（Lam, 2017）。

相對而言，俄羅斯憲法第10條列明三權分立原則，似乎突破傳統專制權力體制，跟蘇聯和中國憲法中的「三權合作論」形成鮮明對比（Remington, 2012）。不過，俄國憲法也賦予總統超然權力，使之在體制上凌駕其他權力機關。在1990年代葉爾欽治國乏力，俄國乍現一定程度的三權分立（Remington, 2001）──傳統上俄國司法機關欠獨立，難以制約行政當局，不過基於反對黨占據近半的國家杜馬議席，地方菁英又能在聯邦委員會左右大局，議會仍然可以發揮一點制衡能力；也多虧葉爾欽擔心會進一步損害自身的認受性，一直對解散國會舉棋不定。可惜葉爾欽建立的民主政治制度始終脆弱，未能種下防止普丁集權和專制統治的根基，令俄國民主制度的發展弱不禁風（McFaul, et al., 2004）。普丁扶植統一俄羅斯黨以建立議會內的親政府勢力，並對聯邦委員會進行改革，由政治忠誠者取代地方菁英擔任州長；體制內反對派不能不與克里姆林宮合作，以政治投誠換取經濟利益；俄國法院財政上依賴聯邦政府，最終成為執行普丁政治任務的工具，肆意檢控敵對寡頭商賈和異見者。普丁任內高度集權，三權分立在俄國名存實亡。

除了落實「三權合作」之外，俄國政府也對「第四權」嚴加控制──真正的反對派拒絕與政府合作，在體制之外掙扎求存，依靠傳媒和公民社會力量反制當權者；政府就將所

有電視頻道收歸國有，並對其他媒體加強監管和審查。俄國
近年推廣網路主權，藉以收緊網路自由，單在2018年就錄得
662,842宗涉嫌網路審查的案件（Aropa, 2019）。早在2014
年政府就立法要求外國社交網站、通訊程式及搜尋器等，將
當地用戶資料儲存於國內最少六個月；同年又將《極端主義
法》（*The Federal Law on Combating Extremist Activity*）延
伸至網路空間，在社交網站點讚和轉發不當內容將遭處罰；
2012年立法將含有有害內容（如兒童色情、毒品、極端主義
等）的網頁列入黑名單；2017年立法規管網路上涉及仇恨言
論的內容。近年，被譽為俄版Facebook的Vkontakte遭親政府
人士惡意收購，社交媒體Telegram和Linkedin先後被禁，都
是俄國政府加強訊息監控的重要工作。

　　針對公民社會力量，克里姆林宮對2011年反政府示威
的參加者「秋後算帳」──國家杜馬於2012年6月通過法律
大幅增加組織和參與未經批准集會的罰款，分別為100萬盧
布（15,600美元）和30萬盧布（4,600美元）；同年8月，法
院判決女權主義龐克樂隊Pussy Riot的成員流氓罪，入獄兩
年；反對派領袖納瓦爾尼（Alexei Navalny, 1976-）在2013
年因經濟犯罪被判處五年徒刑，涅姆佐夫（Boris Nemtsov,
1959-2015）更於2015年在紅場旁邊遭到暗殺。2012年底，
普丁簽署法令要求獲國外資助的非政府組織註冊為「外國代
理人」，每季要向有關當局提交報告。

　　蘇聯解體之初迎來的俄羅斯聯邦，一度帶來對民主的新
憧憬。葉爾欽於1993年制定新憲法，卻從制度上削弱了民主

的可能性。不過，葉爾欽政治力量薄弱，跟議會、地方菁英和寡頭巨賈互有勝負，使俄國於1990年代曾經閃現政治多元化曙光。普丁掌權之後，致力集權以重建社會穩定，全面實踐超級總統制。現今俄國保留民主選舉，但欠缺競爭性，人權自由被侵蝕，充其量只是個混合政體或「不自由的民主」（Illiberal democracy）（Hale, 2010）。

俄羅斯「中國通」眼中的中共百年黨慶：
待重頭，收拾舊山河？

　　2021年中國共產黨慶祝建黨百年，同年也是蘇聯解體30週年。蘇聯對中共的成立和發展影響深遠，百年來雙方互相比較、監視、借鑑，甚至競爭。2021年7月在黨慶大會上，習近平總書記還是重申了毛澤東的名句：十月革命一聲炮響，給中國送來了馬克思列寧主義。面對青出於藍勝於藍，當年的「老大哥」今天對雙方命途又作何研判？我們察究了俄羅斯科學院三位著名「中國通」的觀點，在本章結束前漫談中共百年對莫斯科有何「啟示」。

　　俄羅斯科學院院士拉林（Victor Larin）認為，蘇聯對新中國的發展其實弊多於利，而中共的成功正是在於勇敢地從蘇聯的教條主義改正過來。拉林認為蘇聯模式不符合中國國情，而莫斯科對北京的幫助亦有所顧忌，特別在工業化和核武發展領域。毛澤東與鄧小平學習和改進蘇聯經驗的成績值得肯定，這也促使中共得以擺脫蘇聯的巨大陰影。拉林提議

今天的俄羅斯既可參考中國的發展理念和經驗，但同時要謹記保留自身特色，避免完全仿效（Larin, 2021）。這種論述符合歐亞主義者的想法，強調俄國是歐亞國家，不從屬於歐洲或亞洲，有條件自給自足，應該走獨立於東、西方二元觀的發展路向。

大陸資深新聞工作者曾經根據內部文件透露（儲百亮，2013），習近平即位黨領袖之初，在南巡廣東時已經提醒黨內菁英，要深刻記取前蘇聯解體的重要原因之一是「思想異端」，理想信念有所動搖，希望「中共回到傳統的列寧主義」。俄羅斯科學院遠東分院亞太研究中心研究員祖恩科（Ivan Zuenko）剖析了中共如何詮釋蘇聯解體的教訓，從而進一步鞏固其「黨天下」政治體制（1950年代民主黨派領導儲安平對毛體制的論述）──高調地掀起反腐運動、對少數民族地區嚴加管控、建立訊息監控系統等等，達成長期有效執政的目標。祖恩科相信中方認為戈巴契夫推行的改革過於急進，導致黨的執政基礎被嚴重削弱，因此中共拒絕接受任何政治改革，以免損害其領導地位（Zuenko, 2021）。「今日蘇聯，明日中國」依然是中共領導菁英的噩夢與自我告誡。

近年來隨著中美矛盾升溫，疫後世界秩序走向威權主義與自由主義之間的尖銳角力，莫斯科對中國的國際角色更為關注。俄羅斯科學院遠東研究所首席研究員羅曼諾夫（Alexander Lomanov）認為，中國若然建設公民社會、改變政治體制和擁護自由主義價值觀，或許可獲更多西方國家信任，但代價可能是政權崩潰和國力衰弱，情況猶如蘇聯解

體之後的俄羅斯——儘管摒棄了共產主義制度，但俄羅斯始終被西方主導的國際體系冷待（ITC of Moscow, 2021）。由此證明，中國能與西方國家共治世界的機會渺茫，反而應該與俄羅斯攜手推動「後西方」世界秩序觀。克里姆林宮素來相信只有重拾大國地位，才能保持外交獨立性和捍衛自身國家利益，否則國家安全將會受到嚴重威脅。百年來俄中兩國雖然恩怨情仇糾纏不清，但正如臺灣東海大學政治學系前主任宋興洲教授提出很好的觀察：當前雙方正努力地尋找共同的歷史背景（例如二戰時期共同對抗法西斯軸心國），以修正和改善舊有的負面關係（宋興洲，2021）。

　　蘇聯解體30年後，俄羅斯一度體驗過西式自由主義，與此同時人民生活水平卻大不如前。二者有多大的因果關係，

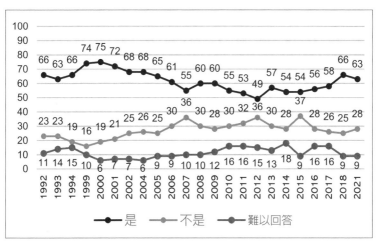

圖1.俄羅斯人對蘇聯的崩潰感到遺憾嗎？
資料來源：列瓦達中心（Levada Center, 2021c）

有待探討，但有調查確實發現，大多數俄國人對蘇聯崩潰引以為憾（2018年的數字高達66%）；慨嘆一體化的經濟體系因而瓦解、國家失去超級大國地位、人與人之間難再互相信任；蘇聯時期最令他們懷緬的是政府對老百姓的關照、民族關係少有衝突和成功的經濟發展（Levada Center, 2019a; 2021c）。姑勿論這些觀感是不是歷史真相，但如果命運能選擇，有六成受訪者都相信蘇聯解體是可以避免的。那麼，2021年6月底中俄宣布延長《中俄睦鄰友好合作條約》，共同聲明中描述雙方關係超越了軍事政治同盟，西方自由主義的奉行者就不應太過掉以輕心了。

小結：「誰想恢復過去的蘇聯，誰就沒有頭腦」？

俄羅斯不斷收緊政治自由以鞏固政權，民主改革變得遙遙無期。普丁政權的穩定性依賴經濟增長，經濟放緩自然會造成衝擊。俄國經濟增長於2013年開始放緩，普丁的支持率緊隨下降，翌年俄軍吞併克里米亞，透過操作民族主義重振普丁的聲望和政權認受性。與此同時，克里姆林宮在國內強硬地打擊異己，遏制反對聲音。當政權與社會逐漸脫節，群眾將被推至兩大極端：政治冷感，或者革命（Sakwa, 2015）。

2019年仲夏首都莫斯科持續爆發大規模反政府示威，抗議反對派人士被褫奪市議會選舉的參選資格。示威高峰時曾有兩萬多名民眾參與，逾千人被捕，部分示威者或面對長年刑期監禁。此前，獨立新聞網站梅杜莎新聞（Meduza）的

調查記者戈盧諾夫（Ivan Golunov, 1983-）於2019年6月初涉嫌藏毒被羈押，但警方在輿論壓力下撤銷指控。葉卡捷琳堡（Yekaterinburg）於5月同樣爆發示威，抗議東正教會於公園內興建教堂，結果市政府取消項目；前一年西北地區阿爾漢格爾斯克（Arkhangelsk）居民不滿政府祕密興建垃圾堆填區處理來自莫斯科的垃圾，憂慮影響居民健康，當局最終擱置興建以回應連串示威抗議。面對民情洶湧的逆權運動，普丁依賴強力部門控制局勢，對公民社會嚴加遏制，但也在不致衝擊權力核心的事情上偶有妥協。2024年他的任期屆滿，普丁面臨權力交接安排，對俄國政制發展影響深遠，惟外界對自由化民主改革始終不表樂觀。

俄國的民主發展走進低潮，或許也應歸因於全球民主退潮，國際壓力漸減。西方的傳統自由民主國家各自面臨管治危機，之前以美國為首推動的「政權轉移」（Regime change）成效不彰，引致中東局勢動盪和極端主義興起。俄國打壓公民社會的手法是將之籠統定性為外國勢力策劃的顏色革命，嘗試將群眾運動汙名化。全球民主危機減輕了俄國在政治意識形態上的壓力，也使它敢於宣揚西方自由民主以外的另類思考：倡導「主權民主」和歐亞主義，以及將民主形式和威權管治結合，強調國家的傳統價值。蘇聯解體揭示了政治自由化對威權統治造成沉重代價，普丁固然引以為憾，但卻也曾經明言「誰想恢復過去的蘇聯，誰就沒有頭腦」；而30年前啟發北京學運的「重建」思想，到今天對俄國的政治變遷更難發揮多少影響力了。

第二章
威權不滅？

　　儘管不少國際輿論認為普丁的威權政體牢不可破，但是他執政以來面臨著各種政治挑戰，包括近年頻繁發生的示威活動和抗爭。其實普丁建立的「主權民主」仍然處於「摸著石頭過河」狀態，皆因擺盪於威權與民主之間來爭取管治認受性的任務殊不簡單。由於普丁的帝國夢奠基於國家內部穩定，本章對俄羅斯國內政治形勢作出深入分析，旨在為其外交政策揭示重要的脈絡和視野。

普丁「最糟糕的時刻」：庫斯克號爆沉的「教訓」

　　本章先從軟性之道著手，細看一齣關於當年舉世震驚的庫斯克號核潛艦爆炸沉沒慘劇的著名電影，透露「一代梟雄」當年面臨危機時如何左閃右避——今天的普丁總統霸氣縱橫，如果從即位之初回看他一路走來，也許對這位威權主義者的育成經歷有更深入的了解。

　　潛艦電影向來不乏觀眾支持。核潛艦是一個鬼魅般無處不在、力量足以觸發地球毀滅的超級武器，但身處其中它又彷彿是天地不聞的萬劫深淵。一旦危機冒現，就是多層

次的張力集於一身：個人生死、同袍安危、家國道義、歷史承擔，千頭萬緒不一而足。2018年的話題電影《庫爾斯克號：深海救援》（*Kursk*）改編自獨立新聞記者羅伯特‧摩爾（Robert Moore）的紀實小說 *A Time to Die*，以2000年這艘俄羅斯核潛艦災難為藍本。

跟之前大部分名作如《獵殺紅色十月》（*The Hunt for Red October*，1990年）、《赤色風暴》（*Crimson Tide*，1995年），以及同期的《潛艦獵殺令》（*Hunter Killer*，2018年）那些著重軍事衝突、鬥智鬥力的取向很不一樣，本片製作人專注於故事中被困軍人、家屬、軍方將領以至海外救援者的人性化一面。觀影後饒有趣味的探索，是這災難歷史上其中一位關鍵人物、現任總統普丁並沒有在電影中現身，到底他當時如何應對？事故如斯慘絕人寰，電影結局借遺孤視角對俄國軍方領導層大加撻伐，事實上克里姆林宮又從中吸收了什麼「教訓」呢？

1.普丁進退失據

庫斯克號災難發生時，普丁上場只有100天，可說是他任內首個政治危機。有別於今天的強人形象，當年普丁處理這災難時優柔寡斷，同時惹來軍隊和群眾不滿。2000年4月6日，就在贏得大選之後10天，普丁前往北方艦隊基地塞維羅莫斯克（Severomorsk），登上導彈核潛艦卡累利阿（Karelia）號出發前往巴倫支海。他視察戰艦試射洲際導彈，表揚潛艦艦隊是俄國核威力的骨幹，更表示俄國潛艦

應該再次游弋於不同海域——1990年代它們只停留在俄國港口。在普丁令下,北方艦隊籌備蘇聯解體之後最大規模的海軍演習。

被冠以「永不沉沒」、「航母殺手」稱號的庫斯克號是奧斯卡II級導彈核潛艦（編按：蘇聯海軍949A型「安泰」核動力巡弋飛彈潛艇,北約代號為奧斯卡II級,現為俄羅斯海軍主力巡弋飛彈潛艇）,身先士卒在8月於巴倫支海展開軍演,駛往地中海,力圖為俄國海軍重樹威望。但在8月12日,庫斯克號發生兩次爆炸,沉沒在巴倫支海北極水域底部,118名船員全部罹難。

其時普丁身在索契的別墅休假,潛艦爆炸後,軍方聲言情況受到控制,建議普丁無須介入事件。在蘇聯體制下,官僚主義包含兩大「綱領」：卸責和報喜不報憂。據英國前能源部長彼得‧德拉斯科特（Peter Truscott, 1959-）透露,北方艦隊司令深知自身缺乏足夠資源援救,索性隱瞞船上仍有生還者的消息（Truscott,2002）。結果,普丁待到災難發生後第五天才首度公開露面,結束休假返回克里姆林宮跟進事態。面對國內媒體和群眾抨擊,普丁事後的自辯是（Dalziel, 2001）：「我應該返回莫斯科,但對事情不會帶來任何改變,我在索契和莫斯科都同樣能指揮救援工作。從公關角度想,我應該顯得要迫切回去的慾望。」他又指：「起初我打算趕赴艦隊所在,後來打消念頭。這是正確的決定,對潛艦一竅不通的人到達現場,不但不能協助拯救,更可能阻礙救援。」

電影中的西方「代表」是由影帝柯林・佛斯（Colin Firth, 1960-）飾演的英國海軍將領，事實上莫斯科最為忌憚的是美國的介入。8月16日，普丁與時任美國總統柯林頓（Bill Clinton, 1946-）通電話後，滿腔糾結地下令海軍接受其他國家的救援協助。戰略上，普丁對西方國家伸出援手深存疑慮，擔心潛艦科技會被拆解，落入西方手中，起初拒絕他國援助——冷戰已然結束，莫斯科仍未摒棄冷戰思維。聲譽上，俄軍需要依賴昔日敵人救難，提供機會予西方蛙人當救災英雄，必定士氣大損，幾近國恥。俄羅斯最終拒絕美國援手，只接受較中立的挪威和英國協助。這些在電影中也有透過柯林・佛斯之口帶出，但他卻沒有明言普丁這決定其實代價不菲：既得失軍方，被視為軟弱；又未能平息死難者家屬批評政府延誤救援的巨大憤怒。

8月22日，普丁前往海軍城鎮維迪亞耶沃（Vidyayevo）與遇難船員的家屬見面。會面經過悉心安排，只有一家國營電視台獲准在場拍攝。普丁在會上承諾向死難者家屬作出賠償，並將庫斯克號和船員屍體打撈上來（以充分滿足東正教入土地為安的習俗）。他在長達90分鐘的會面上要回應各種難題，進退失據，也許是從政以來最艱難的時刻。多年後逃離俄羅斯的律師庫茲涅佐夫（Boris Kuznetsov, 1944-）透露（Doyle, 2016），普丁被動地站在台上，輕聲細語，猶豫不決，彷彿知道自己的答覆都站不住腳；場面逐漸失控，一名死難者的母親公開抨擊普丁身旁的副總理，工作人員公然為她注射心臟科藥物，令她隨即住口倒下。《俄羅斯先驅

報》（*Russia Herald*）主編安德烈・科列斯尼科夫（Andrei Kolesnikov, 1965-）形容，死難者家屬恨不得將普丁撕開兩邊（RT, 2015）。

電影中也有類似的場面，但首當其衝的當然不是普丁，而是其他海軍將領；製作人沒有讓普丁尷尬，最終令它在俄羅斯避過禁播之厄──此前的《潛艦獵殺令》描述俄羅斯總統被叛軍軟禁，竟然要由美軍潛艦營救，當然難逃禁播命運。

2.災難的「啟示」：大國永不沉沒？

電影尾聲的高潮，在死難者的喪禮上一眾年少遺孤拒絕跟前來弔唁的海軍將領握手，大快人心，似乎暗示俄羅斯的新一代會看清威權國家官僚機器的不仁不義。不過，這劇情多少帶有西方中心的期望式思維（wishful thinking），事實上這國家機器所「領悟」的並非如此，而這也揭示了此後迄今俄國的政治變遷。

電影有提及釀成意外和難以救援，源於事發前多年以來俄羅斯國防經費短缺，海軍設備過時落後失修，甚或遭受變賣。現實上普丁卻將災難歸咎於前蘇聯領導人戈巴契夫，埋怨他任內削減海軍軍費；所以他主張俄國要復興大國地位，才能避免庫斯克號災難重演。普丁穩住軍方支持，積極重整和改革軍隊，此後向外展示大國實力，對內承諾獨立自強，無須再依賴外國援助。

普丁批評災難中的「不愛國報導」，此後傳媒遭受整

肅，逐漸失去新聞自由；他責怪寡頭政治家掌控的私營傳媒作失實報導以謀取政治資本，2003年俄羅斯「獨立電視台」（NTV）被勒令停播，自此國內再無獨立的電視台。2017年普丁接受訪問時重提庫斯克號災難，內容卻只著眼於當年自己無懼面對死難者家屬責難和排除萬難地打撈沉船。

災難發生之後15年，民眾過往對政府救災不力的批評逐漸軟化，俄羅斯獨立民調機構列瓦達中心於2015年的調查顯示（Levada Center, 2015），四成人認為政府已盡一切所能拯救船員——災難發生時，超過七成人持相反意見。新民調結果是否反映今天的老百姓認同普丁的大國藥方？

欣賞潛艦電影，音效和配樂是重要一環。前述兩齣1990年代名作的配樂都是經典（前者的〈Mutiny〉和後者的〈Hymn Red October〉）；《獵殺U-571》（*U-571*，2000年）更是奧斯卡最佳音效剪輯獎得主。本片也有好些令人縈繞不去的聲音：第一次爆炸之後主角力勸新婚不久的同袍逃生自保，身處另一船艙的同袍透過通話器回話，說因為不願釀成另一次車諾比核爆災難而自甘犧牲，悲壯莫名；士兵按時敲打喉管傳遞求生訊息，聲聲抽心（電影的宣傳短片也特別挑選了這片段）；親如兄弟的士兵們在同袍婚宴上曾經歡天喜地合唱過改編自德國聖誕民謠〈O Tannenbaum〉的水手歌，結果成為他們全軍覆沒之前的絕唱，觀眾熱淚難不輕彈……。

不過，據一個俄羅斯國營電視台製作的紀錄片報導，那些敢於向將領說不的士兵遺孤其實在長大後大多入伍從軍，

而庫斯克號死難者家屬獲得的賠償金額是車臣士兵的200倍。那些嘴臉自私可憎的海軍將領「下場」又如何？災難之後，海軍司令古魯津斯基（Vladimir Kuroyedov, 1944-）向普丁請辭，但不獲接納，安渡至2005年退休。13名涉事的主要軍官被普丁勒退，但其實都輾轉到了政府和國企擔任要職。那麼，電影末場，出席完喪禮的主角遺孤在回家路上接過並帶上父親遺留下來的軍錶，天地蒼茫淒風蕭蕭的聲音，是枉死將士在如泣如訴著什麼嗎？

永續執政公投：獨裁者風光背後的盤算

　　庫斯克號慘劇之後，悠悠霸業20載，2020年7月1日俄羅斯舉行修憲投票，容許普丁或可掌權至2036年；他本人則解說修憲為俄羅斯未來發展創造有利條件。修憲投票的投票率高達68%，獲得78%選民支持，國內反對群情未見洶湧。

　　對西式自由民主社會而言，俄羅斯在推行「惡法」，「混合政體」（hybrid regime）遊走於民主與專制之間，容許選民投票。究竟獨裁者是如何進化？他的風光背後其實有什麼盤算籌謀？

1.非必要「公投」：整頓管治菁英

　　俄羅斯中央選舉委員會曾經澄清，修憲投票稱不上為「公投」（referendum），而是透過「全民投票」（plebiscite）讓大家表達意見，在憲法上並無約束力。根據俄羅斯憲法，

普丁的修憲草案只須經「聯邦委員會」（上議院）和「國家杜馬」（下議院）全體議員的三分之二多數通過，無須進行「公投」。俄羅斯憲法全文共九章，普丁的修憲建議只覆蓋第三至八章，僅需要經過立法機關通過；若修改的條文涉及憲法基礎（第一章）、公民權利與自由（第二章）和憲法重審（第九章）的條文，則需要召開立憲會議審議，最後再交由全民公投。普丁執意舉行全民投票回應修憲，是要提升新憲法的認受性。克里姆林宮掌握龐大行政資源，所謂民意表達的結果，投票之前已在意料之中。

普丁為新憲法爭取認受性，也許要為自己最終改變初衷在2024年任期屆滿後「永續執政」鋪路。莫斯科卡內基中心（Carnegie Moscow Centre）高級研究員亞歷山大・鮑諾夫（Alexander Baunov）指出，普丁透過修憲延續權力，正正踐踏自己早年劃定的「紅線」，所以必須爭取民望。2008年普丁尊重憲法的任期限制，將總統大位讓予梅德韋傑夫，自己改當總理。當時他堅拒修憲的建議，強調當權者必須守法、不應妄想掌權至死。2018年展開第四屆任期時他重申會遵守憲法規定，只任兩屆總統。

民意授權更重要的作用是有助他整頓管治菁英，避免自己變成「跛腳鴨」。俄羅斯的政治制度極度個人化，普丁的管治倚重政經菁英支持；近年他民意有下滑跡象，政壇變得波譎雲詭，政治菁英內鬥白熱化，紛紛為「後普丁時代」各自籌謀。例如國防工業集團總裁切梅佐夫（Sergei Chemezov, 1952- ）對2019年莫斯科「反DQ」示威（詳見本章下一篇）

表示「諒解」；俄油行政總裁謝欽（Igor Sechin, 1960-）連番抨擊克宮支持的「OPEC+」協議（詳見第五章最後一篇）；強力部門擅自拘捕美國商人卡維（Michael Calvey, 1967-）等等。投票前不久普丁接受訪問時坦言若果修憲投票結果未如理想，領導層將費神物色繼任人，政府難以正常運作。藉著修憲草案獲得高票認同，克里姆林宮營造了重要訊息：俄羅斯人民對普丁信心滿滿，各界菁英需要確認他依然是國家掌舵人。至於菁英們如何解讀普丁的實質民意基礎、派系鬥爭會否因而降溫，則是後話。

2.選舉機器不斷進化

　　普丁提出一籃子修憲方案，然後進行捆綁式表決，讓「魔鬼」藏在細節中。草案提議修改41項條文，占整數大約六成（第三至八章共68條），可概括為權力體制和社會意識形態兩大類。第一類包括容許國會審核內閣和核心機構的人事任命、擴大憲法法院的審查權、提升國務委員會的地位；第二類則涵蓋最低工資、退休金指數化、禁止同姓婚姻、禁止割讓領土（主要針對克里米亞）、捍衛二戰歷史真相、確立俄語和東正教的超然地位等等。新憲法將部分總統權力轉移至國會，是否意味俄羅斯漸次擺脫目前的「超級總統制」，邁向比較「民主」的議會制？同時，普丁加強其捍衛傳統、保守價值的形象。外媒關注修憲容許普丁任期「歸零」，但本地媒體和輿論機器故意避而不提，將報導焦點轉移至社會民生改革。根據獨立民調機構的調查（Levada

Center, 2020a），只有31%受訪者理解修憲的重點，而明瞭修憲必要性的人也只有36%。假若人民贊同大部分修憲內容，只反對普丁任期「歸零」，就要面對「含淚投票」的兩難。

面對疫情來襲，俄羅斯政府對於推遲投票顯得不情不願，但克宮也許最終因禍得福，藉以濫用各種選舉制度的漏洞。基於公共健康風險，中央選舉委員會改變投票方式以保持社交距離和便利選民投票，包括將投票日期延長至七日、設立偏遠臨時票站、容許選民在家投票、增設電子投票（僅限莫斯科和下諾夫哥羅德）等等。克宮說是為了推高投票率，但被質疑容易造成選舉舞弊，使監票變得困難。監票人都是義務性質，鮮有願意請假一週監察選舉，而投票地點分散也增添監票難度，似乎變相令投票變得「無王管」。俄羅斯獨立選舉監票組織Golos（2020）批評，由親政府機構「公民商會」（Civic Chamber）負責監察選舉，有利益衝突之嫌，而民間監票也被行政手段阻礙（例如民間監票員被指派到偏遠的票站）。

克里姆林宮將投票率的門檻由疫情前期望的七成調低至後來的55%，又指示地方長官軟硬兼施去催谷（編按：催谷為粵語詞彙，即促進、促使、推動之意）投票率和有利於草案的選情。於是地方政府向投票者派發防疫口罩、在票站附近舉行抽獎（獎品包括物業、汽車、智慧型手機）、透過文娛活動營造節日氣氛等等，各出奇謀。勞工與社會保障部長托普林（Maxim Topilin, 1967-）指示下屬要將普丁承諾向幼兒家長派發的紓困津貼在投票當天撥出，理由不言而喻。與此

同時，國營機構和企業同樣受壓，有被揭發「指導」雇員投票，並威脅違者將被秋後算帳。俄國獨立媒體梅杜莎新聞的調查報導，俄羅斯郵政、俄羅斯技術國家集團（Rostec）、Rostelecom（編按：俄羅斯最大的電信公司）等國企向員工派發二維碼，確保他們有到票站投票（Meduza, 2020）。

3.反對派離地，領導層虛怯

修憲容許普丁「永續執政」的空間，但民間未見猛烈反抗，反對派再次陷入撕裂局面。俄羅斯反對派長年勢力分散、遭政府打壓、被主流媒體滅聲，始終未能對投票協商出一致策略。反對派領袖納瓦爾尼鼓勵支持者杯葛投票，但表明無計畫號召群眾示威抗議投票結果；而前莫斯科市議會議員、跟納瓦爾尼意見不合的社運人士卡茨（Maxim Katz, 1984-）則建議民眾應往投反對票，否則修憲將會通過得更為輕易。姑勿論納瓦爾尼是否脫離民眾，但反對派一直苟活於體制以外、互相攻訐，一時之間難以全面憾動普丁政權。

全民投票的投票率遠超預期，對克宮而言自是喜出望外。起初普丁的目標要獲得3,300萬選票（前總統葉爾欽於1993年憲法公投時取得的票數），後來他將門檻提高至5,000萬選票，同樣達標，得票高達5,775萬。修憲投票之後普丁直認俄羅斯依然非常脆弱，仍需共同努力維持內部穩定（AFP, 2020）。事實上，克宮在疫情尚未受控時急於補辦投票，確實反映領導層對前景不感樂觀。

2024年後普丁會否、如何「永續執政」，變數尚多（王

家豪、羅金義，2020a）。科列斯尼科夫相信普丁正探索3.0時代（Kolesnikov, 2020），尋找鞏固大多數支持者的良方（普丁2.0受惠於「克里米亞效應」；普丁1.0建基於急速經濟增長）。1977年蘇聯時代的「布里茲涅夫憲法」開展「發達社會主義」（Developed socialism），1993年俄羅斯聯邦成立初期的「葉爾欽憲法」化解了雙重權力核心的亂局，那麼2020年的「普丁憲法」將為國家的政治制度和文化釀造什麼產物？

2019年莫斯科示威浪潮：鎮壓的賭局

「夫風生於地，起於青蘋之末」。很多專制者固然有永續掌權的野心，民間少有紋風不動俯首認命的，卻又時見力不從心。本章以下闡釋「公投」永續執政前後的兩次民間反對運動，希望對抗爭者的動力與限制都多添了解。

2019夏天俄羅斯首都莫斯科連續多個週末爆發集會示威，抗議反對派人士被褫奪市議會選舉的參選資格（作者按：香港不少傳媒俗稱之為「反DQ運動」，DQ即disqualify的縮寫）。反對派反對政治篩選並要求公平選舉，號召每個週末舉行集會，直至政府作出讓步或到9月初選舉舉行為止。7月20日示威高峰之時曾有兩萬多名民眾參與；7月27日的集會不獲政府批准，事前更拘留多名反對派人士，結果警方拘捕了過千名示威者，舉世譁然。俄國檢察部門將示威當作暴亂（mass unrest），展開刑事調查，一經定罪，組織暴

亂者將面對最高15年刑期監禁。8月3日的集會出席人數大約只有1,500人，卻有超過三分之一人被拘留。8月10日有近五萬人集會；示威也在其他城市「遍地開花」，包括聖彼得堡，不幸有逾270人被捕。抗議活動一個月以來，被捕總人數超過2,500人。作為一個只有1,200萬人口的城市，每次集會的出席人數只是以萬計或千計，警方的鎮壓態度可說甚為強硬。

1.民生怨懟、制度失信與抗爭實踐

2019年的莫斯科市議會有45個席位待選，選前執政的統俄黨占38席，擁有全面控制權，負責制定莫斯科的市政預算。以往由於缺乏競爭，加上反對派杯葛，莫斯科居民對市議會選舉未見積極；2014年一屆的投票率只有21%，而根據全俄羅斯民調研究中心的調查，89%的選民表示對2019年的一屆選舉也不感興趣。那麼，這次自2011-2012年以還俄羅斯最大規模的示威抗議，源自哪些問題？

爆發抗議之前不久俄國前財長庫德林（Alexei Kudrin, 1960-）就曾警告，如果俄國經濟得不到改善，示威浪潮將會接二連三。2014年烏克蘭危機之後西方國家對俄實施制裁，加上國際油價下跌，俄國經濟大挫。儘管後來經濟有復甦跡象，2018年的本地生產總值（GDP）增長率達2.3%，但本地生產總值總量僅為1.66萬億美元，遠遜於普丁第三個總統任期開始時的2.21萬億。觀乎俄羅斯聯邦統計局、社會輿論基金會、列瓦達中心等調查顯示，俄國各種經濟指標

都差強人意，例如人民實質收入連續5年下跌、貧窮率高達14.3%（較前一年增加1.7%）、24%受訪者認為他們的財政狀況正在惡化、65%俄國人表示缺乏儲蓄；與此同時，超過25%民眾表示願意參與示威去抗議生活水準下降，較2018年同期上升一倍多（ФОМ, 2019; Росстат, 2019; Levada Center, 2019b）。

2018年政府提出年金改革，大幅調升退休年齡門檻，民間強烈反彈，普丁對改革作出些微讓步，但他的民眾支持率始終徘徊在新「低位」。跟他關係密切的統俄黨更遭受人民冷待，支持度跌至十年新低的31%，只有23%受訪者認為它能代表人民利益。在莫斯科市議會選舉中，不少統俄黨的候選人索性放棄黨的支持，改以獨立身分參選。

根據愛德曼公關公司的調查報告，俄國人對制度的不信任程度領先全球：信任政府的俄國受訪者只有34%，只有26%信任傳媒（Edelman, 2019）。近年大家愈發支持示威抗議，而政府時有在社會議題作出讓步，試圖平息民憤。例如梅杜莎新聞調查記者戈盧諾夫於2019年6月初涉嫌藏毒被羈押，這位揭露權貴貪腐醜聞的新聞人是政府眼中釘，卻獲得傳媒同業和群眾聲援，促使警方撤銷指控，並將涉事警員停職調查。俄國第四大城市葉卡捷琳堡於5月同樣爆發示威，抗議東正教會於公園內興建教堂，減少公眾休憩用地，普丁介入指示動工前應諮詢民意，民調反映58%居民反對工程，結果市政府取消項目。2018年阿爾漢格爾斯克州的民眾不滿政府祕密興建垃圾堆填區處理來自首都的垃圾，憂慮損害居

民健康，引發連串示威抗議，當局最終擱置計畫。

2.「操控式民主」暗湧潛行？

　　俄國的政治權力核心由選舉產生，但選舉缺乏競爭性，不少學者以「操控式民主」來形容。在普丁執政後，國家杜馬的議席長年由統俄黨、共產黨、公正俄羅斯黨和自由民主黨分配。它們被形容為體制內反對派，縱有政見分歧，但投票意向其實無異於建制派。三個「偽反對黨」製造了民主假象，讓選民象徵式地向政府表達不滿，反而為普丁政權增加認受性，同時卻保證政府施政不被阻撓。不過，這種「民主」孕育了42%受訪者認為沒有任何政黨能代表他們的利益，「操控式民主」其實暗湧潛行（Дергачев, 2018）。

　　一直以來，俄國的體制外反對派人士勢力分散，內部派系鬥爭劇烈，難以對政府施政發揮長足影響力。克里姆林宮也努力將之邊緣化，限制他們參選以避免提升其認受性。2013年納瓦爾尼獲准參加莫斯科市長選舉，雖然落敗卻得到27%選票，反對派領袖地位得到確立，克宮懊悔不已。另一方面，政府也協助中間派人士參選，看中他們立場溫和，願意跟政府協商，嘗試藉此打擊反對派的選情之餘或也有助提升市議會的認受性。但這算盤打得未見如意，例如2019年的選舉，安寧療護專家安娜・費德梅瑟（Nyuta Federmesser, 1977- ）本來打算空降出選反對派地盤莫斯科第43區，最終難抵輿論壓力而退選。

　　縱使褫奪參選資格事件在俄國屢見不鮮，但因民眾政

治意識日漸提升和中間派人士不賣帳，政府的操作手法也愈顯拙劣——根據選舉條例，參選人必須收集五千位選民簽名支持才能獲得競選資格，也成為掌權者的篩選工具。這次莫斯科當局就是指控反對派候選人偽造簽名，拒絕他們參選。在這次抗爭運動中驚現的俄羅斯新一代民主運動象徵、17歲少女奧爾加・米希克（Olga Misik, 2002-）的想法也許最具代表性——她在7月27日的集會中穿著防彈背心席地而坐在全副武裝的警察面前誦讀俄羅斯憲法中關於示威、參選和言論自由的章節，這張照片幾分鐘內便在網路上瘋傳，將她與1989年北京天安門廣場上阻擋坦克前進的王維林媲美——她明言自己並沒有特定支持的政黨，「我是為了我自己，為了人民。我對納瓦爾尼和其他反對派領導人的態度中立，但我支持他們想要做的事情。」在這場運動中她已經被拘捕過四次，但依然強調自己每次都只是在和平示威。

3.橫施鎮壓：「革命」前的長夜？

俄國政府的鎮壓行徑其來有自，2011-2012年莫斯科爆發大規模反政府示威後，左翼反對派領袖如烏達爾佐夫（Sergei Udaltsov, 1977-）和拉茲沃茲哈耶夫（Leonid Razvozzhayev, 1973-）等被判監超過四年；當局也推出新法例限制民眾集會自由。2019年夏天那幾星期的大規模拘捕行動，除了期望對群眾起震懾之效，也藉此劃出一條紅線，警告大眾不要觸犯政治禁區，阻嚇沉默的大多數去參與政治活動——在俄國未經批准的集會，難以吸引太多市民參與。普

丁也向管治菁英展示他仍具備武力鎮壓的決心，貫徹他的強人形象，鞏固政治地位。

克宮與反對派欠缺談判空間，普丁只能依賴強力部門控制局勢。當局恐嚇、嚴懲示威者，無疑會令受影響的反對派人士更加團結。2019年8月10日的示威前有蒙面警察將絕食抗議中的反對派人士索博爾（Lyubov Sobol, 1987-）帶走問話，她在社交媒體上的呼籲感人：「我來不了抗議活動了，但你們都知道沒有我的時候應該做什麼⋯⋯。俄羅斯終將自由！」加上多位流行文化明星的號召，包括饒舌歌星Oxxxymiron（藝名，原名Miron Fyodorov, 1985-）和YouTube紅人尤里・杜德（Yury Dud, 1986-），不是反而造就當日罕見的示威規模嗎？有評論認為，反對派和強硬派將會是強硬鎮壓的最大得益者，雙方衝突亦會愈演愈烈；暴力鎮壓也將激化反對派的行動和思想，播下革命種子；普丁試圖把反政府運動消滅於萌芽狀態，無疑是以近水救遠火，長遠或要負上沉重代價。

不過，莫斯科市議會選舉的重要性畢竟難言重大，2011年莫斯科大規模反政府示威運動後公民社會亦被遏制得一片沉寂，這次抗爭的短期果效難稱鼓舞。中期而言，普丁面臨年總統任滿後的權力交接安排「大限」，儘管2019年有54%俄國受訪者支持他連任，但反對者一直增加，從2018年的27%上升至2019年的38%（Levada Center, 2019c）。跟其他獨裁者一樣，普丁投下強力鎮壓的賭注，結局是永續還是倒台，深受全球關注。

2021年全國性大示威：反對派強弩之末？

　　「公投」普丁永續之後半年，2021年1月下旬連續兩週俄羅斯爆發全國性示威，涉及的城市過百，抗議當局拘禁反對派領袖納瓦爾尼。莫斯科以外的主要城市如聖彼得堡、葉卡捷琳堡、喀山、下諾夫哥羅德等的抗爭人數都以萬計，被捕總數逾六千人。納瓦爾尼治癒毒害之後決心返俄而不選擇流亡，英勇可嘉，但細察他的政治主張和群眾基礎，這一波示威未必是他的精神感召使然，也勢難大力憾動普丁的專制統治，反而多少反映了「體制外反對派」的窘境。

1.普丁敵手會是另一個普丁嗎？

　　2011-2012年莫斯科以及一些大城市爆發蘇聯解體以還最大規模的反政府示威，納瓦爾尼以新生代、激進的形象冒起，鋒芒迅速蓋過傳統反對派領袖涅姆佐夫（已故）和雷日科夫（Vladimir Ryzhkov, 1966- ）。兩年後他參選競逐莫斯科市長，雖然僅得27%選票而落敗，卻奠定其反對派領袖的地位。多年來他領導反貪腐行動，以揭露普丁親信的醜聞而備受關注，觸目的對象包括前總理梅德韋傑夫。此外，他倡議「智慧投票」以協調反對派的配票策略，爭取令執政的統俄黨損失議席。

　　西方政治輿論視納瓦爾尼為俄羅斯自由化的希望，其實他更近乎一名民族主義者。他主張廢除聯邦制度，包括摒

棄賦予北高加索少數民族自治權，跟已故極右的自由民主黨黨魁日里諾夫斯基（Vladimir Zhirinovsky, 1946-2022）同聲同氣。俄國民眾的反移民情緒高漲，納瓦爾尼也提倡驅逐非法勞工出國，限制中亞移民工人入境。他又支持俄國出兵喬治亞，認同克里米亞屬於俄羅斯，即使這些行動都違反國際法。當外國人以為他是普丁總統的頭號對手，其實他的民族主義路線引起其他反對派批評，甚至被形容為「另一個普丁」。反當權者不一定就是自由主義者，又是一例。

納瓦爾尼也被西方政治輿論譽為俄羅斯「第二號人物」，其實他在國內的聲譽強差人意。根據列瓦達中心的調查，在最值得信任的政治人物當中，他僅排名第七，其信任度長年徘徊在2至4%（Levada Center, 2020b），甚至遠遜於「狂人」日里諾夫斯基、總理米舒斯京（Mikhail Mishustin, 1966-）和國防部長紹伊古等。2011年之後數年，納瓦爾尼的知名度曾經攀升、高企，但到2017年三成俄羅斯人卻認為他為西方利益服務，認為他是為俄國利益著想的只有12%（Levada Center, 2017）；他的政治工作也不見得受社會廣泛接納，僅有五分之一民眾認同他的作為（Levada Center, 2020c）。

反之，不少俄羅斯老百姓對納瓦爾尼中毒案幾近冷眼旁觀，反應遠不如西方輿論沸騰——根據2020年10月的民調，只有三分之一受訪者相信納瓦爾尼遭到受毒殺，當中47%人表示不知道誰是下毒者（Levada Center, 2020c）；同時，三成俄國民眾認為中毒案其實是他自編自導自演，甚至有

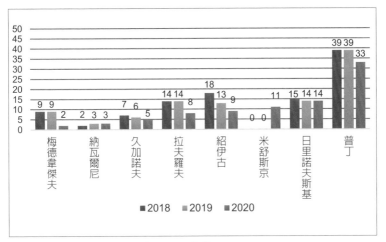

圖2.俄羅斯人最信任的政治和公眾人物

資料來源：列瓦達中心（Levada Center, 2020b）

近兩成受訪者相信是由西方情報機關策動（Levada Center, 2020d）。

2.體制外反對派「離地」途窮？

納瓦爾尼不受普遍民眾重視，皆因他是「體制外反對派」，難以對政府施政發揮影響力。多年來克里姆林宮吸納了「體制內反對黨」（或稱「忠誠反對派」），包括俄羅斯共產黨、公正俄羅斯黨和自由民主黨，旨在製造民主櫥窗、增添政治認受性。它們與統俄黨壟斷了杜馬議席，縱有不同意識形態和政治主張，但四黨的投票意向其實大同小異，而且鮮有參與街頭抗爭。共產黨主席裘加諾夫（Gennady Zyuganov, 1944-）就批評這次大示威是顏色革命，而納瓦爾

尼是在協助外國勢力推翻普丁政權（Макутина, 2021）。

另一方面，克宮致力將反對其施政者排拒在政治體制之外，例如褫奪其參選資格。正如克宮發言人佩斯科夫（Dmitry Peskov, 1967-）所說，「體制外反對派」的影響力極度邊緣化和碎片化，未能在政壇展示團結力量，何須跟他們糾纏做秀（TASS, 2020）？毒殺風波之時，克宮索性不在公開場合直呼納瓦爾尼其名，只稱「柏林的病人」、「麻煩製造者」和「部落客」（Blogger）等，免得間接提升其知名度。

「體制外反對派」給老百姓的感覺是勢力分散，內部派系鬥爭劇烈，而且欠缺執政意志。以意識形態觀之，他們大致可分為親西方自由派、左派、自由主義者和民族主義者四大類別。2020年有俄羅斯學者曾對這些反對派進行訪談，發現他們都追求自由、平等、民主等價值，但提倡的政制發展模式迥異；更大的問題是他們對經濟和社會議題欠缺深入了解和論述，彷彿跟社會逐漸脫節（Belanovsky & Anastasia, 2020）。於是，他們被批評重視政治多於民生，而這無助緩解民眾的燃眉之急。事實上，反對派也坦承自身的政策研究團隊青黃不接，在體制外缺乏資源招募新血。

2021年的一波示威抗爭引人注目，西方列強都有發聲要求政府放人。不過只要權力機關對普丁保持政治忠誠，可見未來抗爭難成氣候。其實要憾動普丁也未必是示威者的原意，遑論說「體制外反對派」力足開天闢地。根據俄羅斯管治菁英的研判（Vinokurov et al., 2021），民怨仍然未達臨界

點，示威應歸咎於政府施政不佳，導致社會不平等加劇、生活水準下降，納瓦爾尼被捕只是給了老百姓消消氣的一個排氣閥。

3.發展停滯和貪腐是普丁死穴？

不過，納瓦爾尼的反貪腐行動也不能說不是較為貼近民情，而且他善用網路平台和民粹語言，正嘗試突破被邊緣化的困境。他的YouTube頻道擁有六百萬訂戶，主要透過偵查影片狙擊管治菁英惡行，也時有順應潮流發布「開箱片」吸引觀眾追看（Navalny, 2017）。抗爭前夕他的團隊發布調查紀錄片指控普丁在黑海祕密擁有奢華宮殿，錄得逾1.2億次瀏覽量。這迫使克宮發動輿論機器（包括電視名嘴）在黃金時段反駁，甚至是普丁親身否認，間接令納瓦爾尼獲得議題設定（agenda setting）能力。

網路平台具有開發政治多元化的潛能，近年克宮積極立法收窄網路自由，包括數年前通過《主權網路法》（Sovereign Internet Law），但嚴刑峻法會將網路世代進一步推向反對派陣營嗎？普丁治下作風保守，旨在鞏固政權穩定之餘不少作為與現代科技和創新原則背道而馳，最終可能要賠上國家的長遠發展。弔詭的是，國家發展停滯不前正是抗爭不斷的根本原因，那麼俄羅斯社會恐怕不易回復平靜了吧？

當「和理非」遇上暴動罪：莫斯科的年輕抗爭者

宏觀地析解了兩場波瀾壯闊的抗爭浪潮之後，不妨轉向微觀層次，聚焦到一位著名的年輕抗爭者，進一步了解專制之下新一代滋生的逆權思想。

前述2019年莫斯科接連多個週末的反政府示威，結果反對派配票策略奏效，執政黨在市議會選舉贏取的議席數目減少近三分之一。多個星期以來示威的被捕總人數高達2,500人，當中一度被控暴動罪、可能面臨最高八年監禁的21歲大學生葉戈爾‧朱可夫（Yegor Zhukov, 1998-），成為運動的象徵人物之一。出身名牌大學的朱可夫是個不折不扣的「和理非」（主張抗爭方式是和平、理性、非暴力），卻遭受策劃暴動的指控，莫斯科市民無不為此勃然大怒。

1.引進外國抗爭經驗的「和理非」

朱可夫對政治充滿熱忱，故於大學修讀政治學。他矢志投身政界，將政治理想和信念實踐出來，使俄羅斯變成自由國家；他嘗試參選莫斯科市議會選舉，但在嚴苛的規例之下最終未能取得足夠的選民提名和參選資格。

朱可夫提倡用不同的非暴力手段進行抗爭，推翻獨裁的普丁政權。他的畢業論文鑽研美國學者吉恩‧夏普（Gene Sharp, 1928-2018）的非暴力抗爭理論，探討2000年南斯拉夫「推土機革命」（Bulldozer Revolution）和2011年埃及示

威的經驗。夏普被譽為「非暴力抵抗教父」，其著作《非暴力抗爭小手冊》（*Nonviolent Action Now*）廣為各地抗爭者熟悉，是為熱門讀物。

朱可夫認為「示威只能和平進行，暴力抗爭不僅是不道德，也是愚蠢和無效」。這對勇武抗爭手法的批評容或「過激」，但他不乏國際視野，曾經嘗試將前蘇聯加盟國的民主化進程引進國內。2018年亞美尼亞爆發「天鵝絨革命」（Velvet Revolution），阻止時任總統塞爾基・薩奇席恩（Serzh Sargsyan, 1954-）於任期屆滿後改當總理，意圖在新憲法的議會制下永續掌權。朱可夫身歷其境拍攝短片，解說亞美尼亞人民如何透過和平手段迫使薩奇席恩下台。他也相信，2019年4月政治素人澤倫斯基（Voldymyr Zelensky, 1978-）當選為烏克蘭總統是人民的勝利，有望打擊烏國的貪腐權貴。

此前，朱可夫曾參與美國國家民主基金會於蒙特內哥羅舉辦的「青年領袖訓練營」，以及由俄國異見人士、前石油大亨霍多爾科夫斯基於拉脫維亞籌辦的「開放俄羅斯」研究會，但惹來官媒炮轟他勾結外國勢力。

2.「自由Hi」的國家尖子

朱可夫自認為「自由意志主義者」（Libertarian），喜歡閱讀經濟學之父亞當斯密（Adam Smith, 1723-1790）的《國富論》（*The Wealth of Nations*）、哲學家諾齊克（Robert Nozick, 1938-2002）的《無政府、國家與烏托邦》

（*Anarchy, State, and Utopia*）、諾貝爾經濟學獎得主海耶克（Friedrich Hayek, 1899-1992）的《通往奴役之路》（*The Road to Serfdom*）等經典著作（Кокшарова, 2019）。透過閱讀，他學懂政府在社會應扮演的角色，深信人民應自由地作出經濟和社會決策，不受政府干預，嘗言「在沒有暴力侵害他人及其財產的情況下，你可以做任何想做的事」。這些想法跟普丁治下的中央集權大相徑庭。

身為部落客和YouTuber，朱可夫喜歡表達政治觀點，深信將想法藏在心底反而會使自己煩躁不安。在他的影片中，背景經常出現象徵美國革命精神的加茲登旗（Gadsden Flag），旗上寫著「別踩我！」（DON'T TREAD ON ME）——象徵政府與人民之間的關係：人不犯我，我不犯人。2017年納瓦爾尼鼓勵俄國人在YouTube議政，以取代傳統電視媒體的親政府聲音，朱可夫響應號召，從此展開YouTuber生涯。他開設的頻道批評俄國時政，吸引數以十萬計網民訂閱。不過他其實跟納瓦爾尼並不咬弦（編按：粵語詞彙，不咬弦意近不合、不對盤），曾批評後者扮演「大台」的角色，侷限了抗爭的多樣性。

朱可夫就讀的俄羅斯國立高等經濟學院（Higher School of Economics，縮寫HSE），國內聲望不亞於莫斯科國立大學和莫斯科國立國際關係學院等頂尖名校，也是尖子和改革派的發跡地，被視為俄國僅餘保障思想自由的淨土。創立於1992年，HSE創校成員均為自由派經濟學家，包括「休克療法」之父蓋達爾和前經濟部長亞辛（Yevgeny Yasin, 1934-），

積極配合俄國的市場經濟改革。作為俄國首間現代化大學，HSE致力與國際接軌來建立聲譽，例如跟海外頂尖學府合作和採用歐洲學分互認體系（ECTS）等。HSE聘請全球知名學者授課，默許他們暢所欲言，時有批評政府政策，跟主旋律唱反調。不過，如今朱可夫卻成為HSE首位政治犯，觸發政府要整頓大學的猜疑。無獨有偶，HSE校長庫茲米諾夫（Yaroslav Kuzminov, 1957-）於2021年夏天宣布辭職，結束了長達28年的校長任期。有哲學系教授要求克里姆林宮反思，到底俄國需要一所具競爭力的大學，還是失去靈魂的學店？

3.坐牢，是準備迎接政府倒台

在朱可夫的案件提堂當日，法院附近聚集過百名群眾聲援；超過1,200名HSE師生發表聯署公開信要求釋放他；逾600位俄國人撰寫擔保信以協助他爭取保釋，包括資深傳媒人維涅狄克托夫（Alexei Venediktov, 1955-）、反對派女領袖索博爾等；HSE校方發出聲明，承諾為朱可夫提供一切法律支援；他的支援者發起眾籌，籌得230萬盧布以支付相關的法律開支；有舊生建立Telegram群組，群組成員逾千人，統籌支援朱可夫的行動，包括輪流獨自舉起標語的「一人示威」（Понамарева, 2019）。結果由於證據不足，法庭撤銷對朱可夫的暴動罪指控，改控刑罰較輕的「極端主義」罪，而他壯語依然：「將我收監、限制我的自由，只為我做好準備，迎接它們倒台的時刻」；「我不知道自己會否重獲自

由，但俄羅斯一定會成為自由國家。」

不少俄國人抱著憤世嫉俗的心態，要朱可夫和其他爭取自由的人民認命。他們常批評斯拉夫人懦弱怕事，抗爭不會帶來改變，俄國不會有民主和自由，普丁政權不會倒台云云。不過，朱可夫提醒他們，俄國在上世紀一百年內就經歷過三次重大政制改變：從君主帝國、超國家組織，到今天變成民族國家。他又嘲諷俄國政府才是真正的反對派，透過威嚇和嚴刑峻法來激起更多民憤和更大規模的示威，慨言「如果我們停下來，將會有無數痛苦等待著我們。如果恐懼戰勝我們，我和你將見證不到俄國自由的一刻。」

全球疫情第三大重災區：俄羅斯是怎樣淪陷的？

新冠疫情肆虐全球，俄羅斯幾乎是最早對中國封關的國家，但2020年5月連續多天單日新增病例過萬宗，成為當時全球第三多確診個案的國家。在抗疫期間，全球領袖普遍民望上升，但強人普丁的民望居然跌至歷史新低。究竟俄羅斯疫情嚴峻的原因何在？誰要負上抗疫不力的重責？疫情對俄國經濟和社會帶來什麼衝擊？

1.領導人的私心：封關又如何？

俄羅斯疫情嚴峻，應先歸咎於政府把關不力。早於2020年1月底俄羅斯單方面對中國封關，其實當時仍然未出現從中國輸入的確診個案。然而到3月初莫斯科出現從義大利輸

入的首宗病例，但政府要待半個月有多之後才對歐洲封關，無疑是顧此失彼。政府的封關安排未能及時堵截病毒源頭，揭示莫斯科依然信任歐洲國家多於中國——即使俄中友誼常常掛在領導人嘴邊。

　　政府公布的防疫措施訊息混亂，影響抗疫工作。普丁在3月底宣布全國「放假」一週以防止疫情在境內擴散，不少人信以為真，紛紛湧到南部城市索契渡假，或是四出郊遊，反而令市面變得熱鬧。莫斯科市長索比亞寧（Sergei Sobyanin, 1958- ）及後才宣布所有居民需要遵守家居隔離規定，「建議」其他城市仿效。4月中普丁依然堅稱國內疫情受控，而索比亞寧則警告疫情仍然未見頂，甚至存在瞞報疫情的情況。5月初普丁竟然宣布重啟經濟活動，但地方官員有權因應情況自行決定防疫措施。克里姆林宮與地方官僚的說法常見自相矛盾，令國民無所適從。

　　普丁「下放」權力，由索比亞寧領導抗疫工作，其實是試圖推卸防疫不力的責任，結果適得其反。近年普丁專注於外交政策和國家安全，內政上退居幕後；承責的幕僚不再是多年親信，而是一群年輕、忠誠、無政治野心的技術官僚，例如政府由前聯邦稅務局長米舒斯京牽頭，肩負起推動國家現代化的重任（Становая, 2020）。跟一般政客不同，技術官僚與群眾的關係疏遠，不擅長作出迅速、果斷的決策，應對危機時顯得有點畏首畏尾。在極度個人化的政治制度下，普丁少有親身應對肺炎危機，反而諉過於人，最終賠上他的管治威信。

2.醫護受欺、民眾失責

　　醫療系統瀕臨崩潰，也是俄羅斯疫情失控的主因之一。基於政府撥款不足，2014年以來俄羅斯裁減了近一成醫護人員和傳染病專家，爆疫後唯有強行徵召醫科生臨危受命。醫護人員亦投訴防護裝備不足的問題，包括口罩、防護衣、呼吸機等等。近年俄羅斯與西方關係轉差，遂限制從外進口醫療設備，鼓勵本地生產，但品質備受懷疑。2020年5月初美國向俄羅斯捐贈呼吸機，正為解其燃眉之急。在惡劣的工作環境下，不少醫院爆發集體感染，醫護人員死亡率高達7%（Литаврин et al., 2020）。值得一提，俄羅斯各個地區的資源分配嚴重不均，地方醫院的醫療物資特別短缺，間接造成不少醫護人員以死相諫、自殺的慘劇。

　　疫情迅速蔓延，違反隔離措施的民眾亦要負上責任。即使政府採取嚴格的隔離政策，但不少人仍然無視家居隔離令，擅自離開居所。儘管違者會被票控罰款四千盧布（大約50美元），但在2020年4月單在莫斯科已經錄得三萬宗違令個案。後來政府啟用人臉識別系統協助執法，但不少厭倦隔離的老百姓心存僥倖、低估傳染風險，重新外出活動。其實這系統覆蓋率甚低，其作用被西方媒體高估。

3.前景灰濛的撕裂社會

　　肺炎疫情重創俄羅斯經濟，但政府的紓困措施嚴重不足。防疫隔離措施令經濟停擺，2020年4月的本地生產總值

下跌了28%，當時預計2020全年下跌5%，失業率則上升至10%。俄羅斯擁有大筆「國家財富基金」（National Wealth Fund），本來可以大舉振興經濟，但2020年春季的油價戰令政府理財不得不加倍審慎（詳見第五章）。油價戰和全球能源需求下降，導致俄羅斯失去六成出口收入和三成庫房收入，削弱它應對外圍經濟衝擊的本錢（Митрова, 2020）。在這些經濟條件下，政府唯有推出低息貸款、免利得稅、退稅等小恩小惠，出手遠不及其他發達國家，對推動疫後經濟復甦的作用有限。在普丁治下，政府一直提倡以自由換取穩定，但經濟不振勢將打亂他「永續執政」的如意算盤。

疫情也加深俄羅斯的社會撕裂。為了推卸責任，政府助長民眾互相指責，令他們忘記「對準政權」。第一個矛頭直指外遊人士，民眾批評他們耽於逸樂、罔顧國民安危，將病毒帶返國內散播——這其實也折射出俄國老百姓的仇富心態，因為貧富懸殊情況又確是嚴重。另一個分裂點是莫斯科與其他地區的鴻溝：首都錄得的確診宗數，遠遠拋離其他城市；而莫斯科人不遵守隔離規定，亦被視為疫情在國內蔓延的主因之一。其三是在經濟援助方面，政府對待國企和民間中小企厚此薄彼，加深兩者之間的矛盾。

普丁的民望下滑，不敢說是長期趨勢，畢竟俄羅斯長期缺乏政治競爭，反對派也欠缺執政意志和決心。克里姆林宮藉著2020年6月底延期舉行的閱兵儀式能發揮「情感動員」效果，刺激普丁的民望。中期而言，修憲公投、國家杜馬選舉接踵而來，疫後經濟復甦是政府的首要挑戰。「後普丁時

代」前途未卜，俄羅斯的長遠發展晦暗不明。

「普丁的俄羅斯」還是「俄羅斯的普丁」？

　　如果將專制者與平民百姓放在對立模式去研判，自是強弱懸殊、變革乏力。不過，現實上又有多少國家的政─社關係（state-society relations）是如此涇渭分明的呢？本章到最後希望向英國倫敦大學國王學院俄羅斯研究所主任Samuel A. Greene和美國北卡羅萊納大學政治學教授Graeme B. Robertson取經，為審視普丁治下的俄羅斯的政治形態，提供另一種觀點。

1.患得患失的強人

　　普丁是強人領袖的佼佼者，但大家曾否想過其實他比想像中脆弱？名著《普丁對人民》（*Putin v. the People*，美國耶魯大學出版社2019年出版）從社會學角度探討普丁與人民的互動，提出普丁的強人管治其實是由他和俄羅斯人「共同構建」的。普丁塑造俄羅斯，而俄羅斯人也塑造普丁。身為極受「歡迎」的獨裁者，普丁其實患得患失；高民望促成普丁的強勢領導，但同時令倚賴民意的他變得脆弱。

　　2011年底普丁宣布出選總統，觸發莫斯科大型反政府示威。克里姆林宮其後收編電視台，又派遣網軍操控網上輿論，但其議題設定的能力始終不及反對派。「克里米亞危機」為普丁帶來全盛時期，全因俄國人一面倒支持「收復」

克里米亞。俄國人民族自豪感激增，普丁亦成為民族英雄，使大部分批評政府的聲音被淹沒。再者，老百姓普遍仍恐懼社會動盪，形成追求政治穩定的共識，產生投票支持政府的從眾行為。

但2017年俄國各大城市爆發反貪腐示威，矛頭直指時任總理梅德韋傑夫，以納瓦爾尼為首的反對派再次抬頭。《普丁對人民》竭力論說的是，普丁不可撼動的地位是個假象，當國家機器停止運作，社會情境轉變，普丁政權會瞬間失去民意支持，隨時如蘇聯解體般一夜變天。

2.「我們的克里米亞」

過去有關「克里米亞危機」的討論都聚焦在俄羅斯的地緣政治和普丁的帝國野心，鮮有觸及俄國當時的社會情境。《普丁對人民》填補這漏洞，提出「收復」克里米亞的廣泛民意基礎，而普丁選擇順從這民意而行。這也解釋了西方國家對俄實施制裁，期望普丁會因民意壓力而讓步，其實純屬西方一廂情願。

俄國老百姓相信克里米亞是屬於俄國的，當日舉行「公投」只是糾正歷史錯誤。俄羅斯早於1783年將克里米亞納入版圖，只是前蘇聯領導人赫魯雪夫（Nikita Khrushchev, 1894-1971；編按：港譯赫魯曉夫）在1954年錯誤地將克里米亞「轉贈」給烏克蘭而已。按此歷史觀，俄國人普遍支持普丁出兵保護僑民，甚至不認為俄國違反國際法。說到底，俄國人附和普丁的謊言、對克里米亞的亢奮，源於他們的民

族自尊心；他們不甘被當成冷戰的輸家、受西方列強欺凌，因為他們認為其實是蘇共的戈巴契夫主動結束冷戰以尋求與西方共同發展。普丁讓克里米亞「回歸」俄國，為蘇聯解體後首次擴張領土，標誌著俄國重拾大國地位。

近年普丁的民望回落，但要操弄重演「克里米亞模式」，談何容易？多年來不乏民族主義者（例如日里諾夫斯基等）提倡入侵哈薩克北部地區、愛沙尼亞的東維魯縣（Ida-Viru）和拉脫維亞的拉特加爾（Latgale）等地，以「保護」當地俄裔僑民。但在俄國人眼中，這些地區的歷史地位和價值不能跟克里米亞媲美，對提振普丁民望的作用有限。

3.逆權運動的意義

《普丁對人民》也指出，普丁其實十分重視民意，因為他政權的政治力量源於社會情緒。他與全俄羅斯民調研究中心的總監定期會面，緊貼民情變易。

近年經過眾多抗爭運動，普丁的民望徘徊在六成的「低位」，未見有復甦跡象。隨著「克里米亞效應」逐漸消失，經濟不振、人民生活水準下降等問題陸續浮現，激發社會動盪。2018年政府提出年金改革，大幅調升退休年齡門檻，民間強烈反彈，最終普丁作出讓步。各地針對民生議題的示威愈發頻繁，如前所述的阿爾漢格爾斯克反對興建垃圾堆填區、葉卡捷琳堡抗議公園改建教堂、新聞同業聲援獨立調查記者戈盧諾夫被誣陷等等，而政府往往都「從善如流」作出各種妥協。

不過，普丁對待反政府示威的態度始終強硬、寸步不讓。2019年夏天莫斯科大規模示威浪潮，警方辣手對待，拘捕數千人。然而，市議會選舉最終如期舉行，執政黨的議席數目卻減少近三分之一。普丁民望下滑產生骨牌效應，引致執政黨和內閣政府遭受人民怨氣漸多，支持度跌至十年新低的31%，只有23%受訪者認為它能代表人民利益。普丁暫將施政重心從外交政策轉移至國內經濟發展，而且依賴強力部門控制局勢。克里姆林宮「迷信」在缺乏政治競爭的情況下，普丁的民望終將「止跌」（Kolesnikov, 2018）。相對於拉攏民眾支持，普丁反而重視鞏固管治菁英的支持，這是否明智之舉，讓人拭目以待。而民間逆權運動能否發揮更大意義，要苦心經營的也許不止於運動的招數，而是搞清楚民心背向的廣泛基礎。

4.深受「歡迎」與步步為營

2020年普丁修改憲法，被指為自己永續執政而鋪路，掀起「後普丁時代」的熱議。《普丁對人民》指出，俄國擁有極度個人化的政治制度，普丁難以將支持度轉移到其他人身上，貿然換帥隨時觸發權力轉移危機。不過，我們不能忘記普丁掌權前也是名不見經傳。克里姆林宮前政治公關顧問帕夫洛夫斯基（Gleb Pavlovsky, 1951-）透露，普丁強勢、精力充沛的形象其實也是特意塑造，刻意與年邁、體弱的葉爾欽造成強烈對比，讓當時寂寂無名的他順利接捧（Kirk, 2017）。被視為普丁傀儡的前總統梅德韋傑夫，擁有開明、

親西方的政治形象，又何嘗不是悉心挑選的呢？領袖魅力還是可以後天培養的，克里姆林宮又有沒有辦法創造另一個普丁呢？

俄國修憲的安排並無具體交代未來權力布局，但普丁永續執政的意圖幾近毫無懸念。他或會再當總理，成為國務委員會主席、執政黨主席之類，對各個延續權力的選項保持開放。這種步步為營的方式，既減少管治菁英之間的內鬥，削弱反對派的動員能力，也為他留有選擇餘地。當然，普丁始終要面對權力交接的一天，而權力交接的制度愈遲建立、愈模糊，將對俄國的長遠發展愈不利。

《普丁對人民》提出研究俄國的新切入點：我們應該細察的是「俄羅斯的普丁」，而不是「普丁的俄羅斯」。深受國民「歡迎」的普丁施政其實被民意掣肘，正道出「水能載舟，亦能覆舟」的道理。熱愛柔道的普丁，決策往往可能是基於形勢所迫，而不是各種戰略操作。當他漸失民心，俄國政局是否勢難主安穩？

第三章
鷹撲烏克蘭

　　為了重振大國地位，俄羅斯的首要任務是重新成為區域霸主。基於歷史和文化淵源，俄羅斯視烏克蘭（和白羅斯）為東斯拉夫的核心，在歐亞融合中占有重要位置，也對其帝國身分認同構成重大的影響。在這個背景下，本章嘗試探討俄羅斯對烏克蘭展開「特別軍事行動」的遠因和近貌，以及戰爭或將如何影響俄羅斯的長遠國家發展，從而判斷普丁的「帝國夢」是否仍然有可實踐性。

1930年代烏克蘭大饑荒：「真相」真的只有一個嗎？

　　俄羅斯對烏克蘭動武，兩國的歷史淵源被前者詮釋為揮軍的理據，振振有詞。「歷史」對國族建構發揮重要作用，今天看來已經不是什麼艱澀道理。本章再一次先從軟性之道著手，從一齣關於1930年代烏克蘭大饑荒（Holodomor）的著名電影出發，檢視歷史詮釋可能存在的虛妄性，反思它在國際關係現實當中的可恣與不可恣。

第三章　鷹撲烏克蘭

077

1.國殤背後的國族認同建構

　　《普立茲記者》（*Mr. Jones*，2019年上映）電影故事的主要背景烏克蘭大饑荒，是烏克蘭打造國族認同不可或缺的「必爭之地」。雖然普遍人民已經認知到大饑荒曾經發生，但成因為何卻一直爭論不休。蘇聯解體之後，烏克蘭歷史學家重新探索國家的歷史淵源，衍生了對大饑荒起源的兩派解讀：民主派和民族主義者認為大饑荒是蘇聯史達林（Joseph Stalin, 1878-1953；編按：港譯史太林）蓄意經營的種族滅絕，企圖令烏克蘭民族消失；另一方面，親俄人士傾向相信大饑荒純粹是一場悲劇，畢竟俄羅斯、白羅斯和哈薩克人同樣受害極大，也是歷史事實。西方早就有專業歷史學家，例如芝加哥大學的澳大利亞裔蘇聯史大師Sheila Fitzpatrick（1941-），依據當時各級幹部（包括烏克蘭的）的證言，以及從經濟學角度，有力地質疑是史達林刻意餓死烏克蘭人之說；而主張「蓄意屠殺論」與否，跟人們的國族主義取態關係密切，例如烏克蘭人與北高加索人就有明顯分別（Fitzpatrick, 1994; 2017）。

　　不同的歷史詮釋，揭示了烏克蘭政客兩種南轅北轍的國族建構工程。「種族屠殺論」具有強烈反俄色彩，透過否定史達林、共產主義和蘇聯，以建立親西方的烏克蘭認同；「悲劇論」順應俄式敘述，對全盤否定蘇聯統治有所保留，又認為烏克蘭始終是俄羅斯民族的延伸，主張兩國加強融合（Motyl, 2010）。雖然大饑荒的成因仍有待學界研究釐

清，但這兩種截然不同的身分認同，反映烏克蘭社會兩極分化、東西分裂的情況，也間接釀成了2004-2005年的「橙色革命」（Orange Revolution）。

「橙色革命」之後，有關大饑荒歷史的爭論變得愈趨政治化，進一步加劇社會撕裂和不穩。2006年時任總統尤申科（Viktor Yushchenko, 1954-）提出具爭議性的《關於1932-1933年烏克蘭大饑荒》（*The 1932-1933 Holodomor in Ukraine*）法案，列明大饑荒是一場種族屠殺，又將否認大饑荒是歷史事實列為違法行為。根據基輔國際社會學研究所（Kiev International Institute of Sociology）的民調顯示，當時不足一半的老百姓支持馬上立法承認大饑荒是種族屠殺，而反對者大多憂慮這會破壞與俄羅斯的關係。法案最終經修訂後以些微多數票通過，但尤申科的提案激化反對派不滿，烏克蘭東部、南部民眾的反對尤烈。

四年後，被視為親俄的亞努科維奇（Viktor Yanukovych, 1950-）成為總統，公開批評「種族屠殺論」不正確、有欠公允，完全扭轉了官方對大饑荒的歷史詮釋。在他任內，基輔爆發「獨立廣場革命」，大饑荒歷史再次成為兩派的政治動員工具（Kas'ianov, 2011）。後來流亡的亞努科維奇指責新政府對烏東頓巴斯地區進行種族屠殺，俄羅斯總統普丁和應這批評；另一邊廂，烏克蘭示威者指控普丁是史達林的繼承者，將要趕絕爭取民主自由的烏克蘭人。

「後克里米亞時代」的烏克蘭人大多擁抱獨立民族認同，對大饑荒歷史的「種族屠殺論」接受程度逐漸提高。

根據烏克蘭研究機構的民調顯示，2019年有82%受訪者認同這種史觀，創下歷史新高（Rating Group Ukraine, 2019a）。不過，民調結果依然顯示出烏克蘭的地域差異，皆因絕大部分西部（95%）和中部（87%）的國民認為大饑荒是種族屠殺，比較南部（72%）和東部（61%）的受訪者更傾向支持這種觀點。前任總統波羅申科（Petro Poroshenko, 1965- ）與現任總統澤倫斯基都與民眾站在同一陣線，並且積極爭取國際支持。

今天，「種族屠殺論」用以警惕基輔當權者切勿成為俄羅斯帝國主義的犧牲品；與此同時，烏克蘭人民在獨立廣場上爭取自由和尊嚴的英勇事跡，是為國族認同至關重要的元素之一（Dreyer, 2018）。然而，只要烏克蘭的國族認同建構工程尚未結束，大饑荒歷史將會繼續被推到前台扮演重要角色，但到底是黑臉還是白臉，實在一言難盡。

2.英雄坎坷，惡棍難辨

《普立茲記者》沒有對大饑荒的成因展示明顯、強烈的立場，但對於誰是黑臉白臉，卻清楚不過。瓊斯（Gareth Jones, 1905-1935）是新聞英雄，似乎無可爭辯；杜蘭蒂（Walter Duranty, 1884-1957）是新聞界的惡棍，也被描繪得入型入格。不過，「真相」真的只有一個嗎？

雖然電影將瓊斯描繪成早在1930年代初已經直截了當看穿希特勒（Adolf Hitler, 1889-1945）魔性的智者，但有調查新聞工作者至今依然相信真實的瓊斯也曾經同情納粹崛

起（Prior, 2012）。更重要的歷史臉相是關於杜蘭蒂——將他獲頒普立茲獎翻案的權威作者Sally J. Taylor一方面強而有力地指控杜蘭蒂掩飾烏克蘭大饑荒慘劇，愧對新聞專業，但另一方面也秉筆直書指出，說蘇聯政府以香車美人賄賂杜蘭蒂的傳言其實不算證據確鑿，《紐約時報》（*New York Times*）也承認當時他在莫斯科的優渥生活待遇是報社提供，傳聞反而更有可能是當時駐莫斯科的新聞界同行因為妒忌杜蘭蒂意氣風發而捏造謠言（電影中也有一個類似的小片段）。Sally J. Taylor提醒大家，當時駐守在「美麗新世界」的西方記者何止一二，否認烏克蘭爆發大饑荒如此驚天謊言真的是單獨一位記者就足以隻手遮天（Taylor, n.d.）？

英雄罕見，卻不是絕無僅有，其實在瓊斯之前，別忘了歷史上還有蒙格瑞奇（Malcolm Muggeridge, 1903-1990），同樣勇敢地調查、揭發烏克蘭大饑荒，嘗試發表證言時也受到《曼徹斯特衛報》〔編按：即今日之《衛報》（*The Guardian*），1821年創辦時因總部位於曼徹斯特而名為《曼徹斯特衛報》，1959年更名〕以外交考慮為由作出文稿審查，他唯有改用小說方式說話，1934年完成*Winter in Moscow*，大力諷刺西方新聞界為蘇聯政權塗脂抹粉（Muggeridge, 1982）。而電影中說是被瓊斯啟發的喬治‧歐威爾（George Orwell, 1903-1950），出版經典小說《動物農莊》（*Animal Farm*），其實是1945年的事情了。

是的，是外交考慮。死裡逃生回到倫敦的瓊斯向政要揭發烏克蘭大饑荒真相，不是被他們百般阻撓，以免影響西方

陣營跟莫斯科交好的大計嗎？電影經典對白「真相，只有一個」的完整版本其實很悲涼，但可能更接近「現實」，是由瓊斯跟另一位駐蘇女記者的對話展開：

> 「我沒有企圖（agenda），除非你把真相視為企圖。」
> 「好吧，那麼，是誰的真相？」
> 「真相，只有一個。」
> 「你太天真了。」

法、德難解俄方「凍結衝突」之謀

2022年俄烏戰爭爆發之前，歐洲強國比較認真嘗試在談判桌上緩解衝突，最重要的其中一次當數2019年12月的巴黎會議，卻還不免徒勞無功。要從和談的角度去解說今天的俄烏戰爭，那次巴黎會議是一個恰當的起步點。

1.澤倫斯基的讓步與失利

自2014年初起，親俄羅斯武裝分子占據烏東頓巴斯地區的頓涅茨克和盧甘斯克，與烏軍持續爆發激烈衝突，導致過萬人喪生。烏克蘭政治素人澤倫斯基曾經承諾要和平解決頓巴斯戰爭，使他在2019年春的總統大選取得73%選票，壓倒性擊敗競逐連任的波羅申科。當選後他向俄國釋出善意，先後促成兩國互相交換囚犯和簽署「施泰因邁爾模式」（Steinmeier Formula）文本，為重啟2019年12月「諾曼第模

式」四方會談鋪路。

　　俄、烏雙方曾簽署多項停火協議，但始終未能完全平息烏東衝突。德國前外長施泰因邁爾（Frank-Walter Steinmeier, 1956-）提出的停火倡議對俄國較為有利，故俄方視之為重啟四方會談的前設條件，而澤倫斯基則因簽署協議而觸發國內大規模示威。在四方會談中，烏克蘭深感孤立無援，欠缺西方國家的實質支持，突顯了國際關係的現實一面。他跟普丁在巴黎破冰會面，竭力嘗試為緩和頓巴斯局勢帶來突破。

　　此前數年，俄國和烏克蘭曾經多次就頓巴斯戰爭進行和談，當中法國和德國協助調解。俄、烏、法、德舉行「諾曼第模式」四方會談，曾於2014年9月在白羅斯首都明斯克簽署停火協議。《明斯克協議》（*Minsk Agreement*）列明烏克蘭將會重新掌控東部邊界、提早在烏東地區舉行地方選舉、賦予頓巴斯臨時的特殊法律地位等。然而，《明斯克協議》用詞模糊，結果雙方均違反停火協議、互相指責，使協議成效大打折扣。

　　此與同時，俄軍隨即展開地面攻勢，向頓巴斯步步進逼，使烏克蘭重返談判桌。由於在戰場失利，烏克蘭被迫接受條件更為嚴苛的停火協議。2015年2月，四國又簽署《新明斯克協議》（*Minsk-II Agreement*），仔細地列明13項停火條款，包括將頓巴斯選舉變成烏克蘭重掌東部控制權的前設、頓巴斯的特殊法律地位永久生效而且寫進憲法內、烏克蘭東部將會取得更多自治權等。

　　隨著雙方再次破壞停火協議，時任德國外長施泰因邁

爾於2016年底嘗試打破困局，提出將《新明斯克協議》簡化，建議由歐洲安全與合作組織（OSCE）監督頓巴斯舉行地方選舉，當選舉確認為公平、公正後，烏克蘭政府將特殊法律地位賦予頓巴斯，以換取烏東地區的管治權和邊界控制權——此其時，接壤烏東地區和俄國的邊界仍然處於開放狀態，意味俄國可以自由調配軍隊和軍火至頓巴斯。

2.「施泰因邁爾模式」的爭議

「施泰因邁爾模式」的爭議核心在於頓巴斯的特殊法律地位到底包含多大程度的自治權？這牽涉到烏克蘭的主權問題。莫斯科要求頓巴斯獲取全面自治權，對重大政策擁有否決權，例如在外交上阻撓烏克蘭加入歐盟和北約。頓巴斯全面自治為烏克蘭的主權埋下計時炸彈，間接容許莫斯科無止境地干預烏克蘭內政。烏克蘭民眾因而批評澤倫斯基向俄國投降，觸發數千人於基輔示威。基於民情反彈，澤倫斯基最終表示頓巴斯只能享有語言和跨境連接等特權，絕對不會牴觸有關自身主權的紅線。

另外，是雙方對頓巴斯特殊地位的有效期各執一詞。俄方要求烏克蘭修改憲法，確保特殊地位永久生效；烏克蘭則提出訂立臨時法例，將特殊地位的有效期設為三年，此後雙方再作談判。烏克蘭擔憂頓巴斯全面自治的先例一開，會觸發其他地區模仿，變相將烏克蘭聯邦化，長遠削弱基輔政府的管治權。

「施泰因邁爾模式」要求頓巴斯舉行地方選舉，但選舉

中各種執行細節仍未完成商榷。頓巴斯舉行選舉前，澤倫斯基要求烏東地區全面停火，先將俄軍及重型武器撤離當地，否則選舉無異於當年的克里米亞「公投」——在槍桿子下進行投票，讓俄國操縱投票結果，哪有公平可言？其次，俄、烏雙方對頓巴斯選民資格的安排爭持不下——自烏東爆發戰爭後，逾150萬烏克蘭人逃離戰火，流亡其他地方，如何安全地把他們送回頓巴斯投票將成疑問；再者，莫斯科曾經宣布簡化頓巴斯居民獲取俄國護照的手續，使數萬當地居民擁有雙重國籍，他們的投票資格會否受到影響，同樣成為疑問。

巴黎會議前夕，烏克蘭人對如何解決頓巴斯問題的意見分歧，34%受訪者支持停火和承認這些領土被暫時占領，而贊成賦予頓巴斯自治地位和全面收復烏東失地的人則各占23%（Rating Group Ukraine, 2019b）。另外根據德國民調機構的調查，烏東居民對頓巴斯的前景取向分為四大陣營：享有自治地位的烏克蘭領土（31%）、不享有自治地位的烏克蘭領土（23.5%）、享有自治地位的俄國領土（18.3%）、不享有自治地位的俄國領土（27.2%）（Мыльников, 2019）。由此可見，2019年當地居民較多看待頓巴斯為烏克蘭領土，與俄國的主旋律大相逕庭。

3.烏克蘭孤立無援

縱使西方制裁使俄國面臨甚大的國際壓力，但是烏克蘭對解決頓巴斯戰爭同樣顯得孤立無援。美國對烏克蘭

危機採取愛莫能助的態度，充其量對俄國實施經濟制裁，但無意進行軍事介入以協助烏克蘭重奪克里米亞。「通烏門」（Ukrainegate）事件揭示美國川普總統（Donald Trump, 1946-；編按：港譯特朗普）政府不會無條件支持烏克蘭，兩國關係更像一筆檯底交易。澤倫斯基曾經提出希望美國和英國能參與和談，從而增加烏克蘭的談判籌碼，「通烏門」事件自然對烏方造成沉重打擊。值得留意的是，舉行巴黎四方會談翌日，川普毫不避諱地在白宮接見俄國外長拉夫羅夫（Sergey Lavrov, 1950-）。過往川普也曾經對普丁示好，提出與俄國修補關係，遭到各方抨擊，予人出賣烏克蘭利益的感覺。

法國方面，馬克宏（Emmanuel Macron, 1977-）總統顯得急於求成，隨時會忽略烏克蘭的利益。也許受到2018年11月爆發的黃背心運動的困擾，馬克宏積極尋求外交突破，要突顯法國在歐盟的領導角色，亦嘗試與俄國和解。除了建議改革歐盟和成立歐盟軍隊外，馬克宏希望能夠化解頓巴斯戰爭，使他在歷史留名。此前馬克宏曾建議邀請俄國重組八大工業國組織（G8）集團，亦指西方國家孤立俄國是一個戰略錯誤，致使俄國與中國結盟。

德國在和談扮演被動角色，對俄國解決頓巴斯戰爭的決心抱有懷疑態度。德國體諒烏克蘭的顧慮，故此梅克爾（Angela Merkel, 1954-）總理亦支持澤倫斯基的呼籲，提倡對《明斯克協議》做出修改，但不獲俄國理睬。

4.「凍結衝突」綁死烏克蘭

　　四國在巴黎會談後同意全面停火、互換囚犯、四個月內再召開和談。然而那次和談可謂雙方各自表述立場，對解決頓巴斯戰爭其實無甚明顯突破。

　　澤倫斯基的支持度在半年內急跌至52%，政治資本涓滴流逝。在四方會談中，他表明沒有出賣人民，期望能回應國內反對聲音，為他的民望止蝕。烏克蘭反對派一味批評澤倫斯基不惜代價解決頓巴斯戰爭，出賣國家利益，但他們始終未能提出切實可行的替代方案。

　　基於軍事優勢和談判形勢，俄國主導四方會談，將頓巴斯戰爭變成「凍結衝突」（frozen conflicts），從而阻礙烏克蘭加入北約等西方組織，跟全面落實「施泰因邁爾模式」的結果不謀而合；加上馬克宏和澤倫斯基顯得急於求成，普丁在談判桌上自然占盡上風。

　　儘管烏克蘭早已脫離蘇聯獨立，但俄國仍然視之為其附庸國。既然基輔選擇投入西方陣營，俄國索性利用克里米亞和頓巴斯戰爭破壞烏克蘭的主權力量（Allan, 2019）。於是，巴黎四方會談之後釋出善意和解除人道危機的安排，恐怕已經成為雙方的最大讓步。

上兵伐謀：揮軍前夕俄方應有的權衡

　　2021年年杪普丁與美國總統拜登（Joe Biden, 1942-）再

次通話商討俄烏局勢，可惜未有重大突破，俄羅斯在俄烏邊境集結大量軍隊，局勢急速升溫。美國情報預測俄羅斯準備入侵烏克蘭，國務卿布林肯（Antony Blinken, 1962-）向國際社會警告，俄方可能要重演2014年吞併克里米亞的劇本。俄羅斯則強調有權在境內調動軍隊，並且指責烏克蘭企圖重奪頓巴斯地區。普丁要求美國和北約作出具有法律約束力的安全保證，包括承諾北約停止東擴和在前蘇聯國家建立軍事基地，惟這要求難被接受。與此同時，拜登警告俄方的侵略行動會招致嚴重代價和後果，或許包括新經濟制裁、與全球金融結算體系（環球銀行金融電訊協會，SWIFT）隔絕、終止北溪二號（Nord Stream 2）天然氣項目等。在俄烏戰爭一觸即發的前夕，到底莫斯科的戰略動機和利益計算是什麼？

1.地緣霸業與普丁永續

俄羅斯威脅對烏克蘭動武的動機其實不易理解，或許可以從地緣政治和個人利益的邏輯嘗試解釋。在地緣政治層面上，俄羅斯屯兵烏克蘭邊境旨在回應日益嚴峻的國家安全威脅，尤其是北約進一步向東擴張。以大國自居、尋求與美國平起平坐的俄羅斯，在冷戰後繼續視前蘇聯地區為勢力範圍、前蘇聯加盟共和國為附庸國，以建立分隔西方的戰略緩衝區和安全屏障。在莫斯科的視角，俄羅斯阻止其他勢力干涉前蘇聯地區，無異於美國提出「門羅主義」（Monroe Doctrine）以確立在西半球的霸權地位。按此邏輯，2021年下半年英國驅逐艦駛入克里米亞海域、土耳其向烏克蘭軍隊

提供Bayraktar-TB2無人機、北約在黑海進行軍事演習、美國戰略轟炸機多次靠近俄羅斯領空等等，都越過俄方劃下的「紅線」，所以俄軍採取了必要的回應措施。普丁一度暗示，如果俄羅斯在墨西哥或加拿大部署導彈，美國也會有相同的反應。

另一方面，俄羅斯對烏克蘭的軍事行動也可能關乎普丁的個人野心，藉以為他延續統治提供認受性。他治下的俄羅斯鯨吞克里米亞，而他曾經慨嘆蘇聯解體是「悲劇」、「20世紀最大的地緣政治災難」，都惹來他胸懷帝國主義野心的揣測。有西方學者認為普丁視烏克蘭為未竟功業（Rumer & Weiss, 2021），鷹撲烏克蘭有望重振帝國雄風，為自己名留史冊。2021年7月普丁發表文章〈論俄羅斯人和烏克蘭人的歷史統一〉（Putin, 2021a），宣稱「大家都是一家人」，以共同的語言和信仰團結在一起，彷彿為俄羅斯揮軍烏克蘭提供歷史和情理基礎。他如何處理烏克蘭的問題，無疑會影響自己在2024年總統任期結束後的動向。

2.理性選擇理論失效？

按照理性選擇理論，俄羅斯用兵烏克蘭必然是經過權衡利弊之後的結論。然而俄羅斯國際事務理事會主任季莫菲耶夫（Ivan Timofeev, 1955-）預計，俄對烏開戰顯然是弊多於利（Timofeev, 2021），一聲炮響俄羅斯恐怕會面臨種種惡果，包括陷入漫長的軍事行動、再次面臨外交孤立、招致更嚴重的經濟制裁、進一步加劇國內經濟危機和造成

民間社會反彈——三分之一俄羅斯人有親戚或朋友在烏克蘭（Levanda Center, 2021a），他們普遍對烏國持正面態度；與此同時，烏東民眾對俄羅斯的忠誠度存疑。俄羅斯揮軍也勢必導致美國向烏克蘭提供更多先進武器。美國重要智庫蘭德公司（RAND Corporation）的兩位研究員亦提出相似的形勢分析，認為俄羅斯不宜低估向烏克蘭動武的潛在風險（Courtney & Wilson, 2022）。具體而言，俄軍要占領烏克蘭的大片領土，需要花費冗長時間，而訓練有素和裝備齊全的烏克蘭軍隊可能限制俄軍的行軍速度，俄軍將會不斷受到游擊隊攻擊等。

假如俄、美兩國願意繼續外交談判，前者在談判桌上本來不無優勢，包括它比後者更敢於動武，行事也常見高深莫測。戰爭前夕，國際輿論曾經對形勢發展有三種沙盤推演：（一）北約發表聲明停止東擴，但這很可能遭到各成員國反對；（二）美國參與推動落實《明斯克協議》，這相信會獲得俄羅斯支持，皆因協議令親俄的頓巴斯獲得全面自治權；（三）維持僵局，而俄羅斯仍對頓巴斯原狀感到滿意。方案二和三其實都符合俄羅斯利益，但確實無法滿足普丁的安全保證要求。

2022年1月俄、烏、法、德重啟2019年以來的「諾曼第模式」會談，再次簽署聯合聲明同意維持烏克蘭東部停火。會談前夕烏克蘭最高議會撤回了《過渡政策法案》（*On the Principles of the State Policy of Transition Period*），旨在對俄羅斯作出讓步。這項草擬法案確立俄羅斯的侵略國地位，

並且將頓涅茨克與盧甘斯克所簽發的文件視作無效，招致俄方極度不滿（Право на захист, 2021）。俄羅斯外交部曾表示，通過法案標誌烏克蘭退出《明斯克協議》，因為協議賦予頓巴斯全面自治權。為了應對烏克蘭危機，推動基輔全面落實《明斯克協議》逐漸成為各國的共識，而這一切視乎烏克蘭是否願意作出更多妥協，而一直以來基輔都顯得不情不願，以免招致喪失部分主權。

即或干戈難免，俄軍尚有不同選項吧？例如發動「小規模侵襲」，短暫占領烏克蘭的部分地區，以震懾烏軍和進一步向基輔施壓。根據美國戰略與國際研究中心（CSIS）的分析（Jones, 2022），俄軍的選擇包括占領第聶伯河以東的領土，因為它被視為俄羅斯的歷史固有領土；俄軍（或操控親俄的烏東武裝分子）也可侵占港口城市敖德薩和馬立波，旨在切斷烏克蘭通往黑海的通道和保障克里米亞的淡水供應。再者，俄羅斯也可以派遣「維和部隊」的名義接管頓涅茨克與盧甘斯克，但此法恐怕是象徵意義大於實質作用。

「小規模侵襲」如何能滿足克宮念茲在茲的核心安全利益，值得商榷。普丁有沒有耐心將烏克蘭邊境軍事化變成新常態——頻繁軍事活動造成緊張局勢，雙方在此中尋求磨合矛盾之法，直至俄羅斯跟美、歐探索到新的平衡點？

挾民族主義而戰，能達至和平嗎？

最終，普丁在2022年2月召開聯邦安全委員會會議後宣

布承認頓涅茨克與盧甘斯克獨立，隨即派遣維和部隊進駐兩地，並對烏克蘭展開「特別軍事行動」。本篇將梳理這些重大舉措的來龍去脈，希望有助於反思當地形勢的變化。

1.普丁向民族主義靠攏？

如前所述，派遣維和部隊進駐頓涅茨克與盧甘斯克，象徵意義遠大於實質作用。早於2015年底，儘管普丁否認俄羅斯在烏東部署了常規部隊，但也坦言在當地有「人員」正在執行軍事任務，間接承認俄國在那裡的軍事存在。因此，承認兩地獨立充其量只為這軍事存在提供法理基礎，難以滿足莫斯科喋喋不休提出的安全要求，卻勢必惹來西方國家的譴責和反制。

如果莫斯科只限於作出「承認」舉措，旨在測試西方的反應，西方列強的制裁或可克制，限於針對俄國金融機構和管治菁英，漸進式地回應俄軍的「小規模侵襲」，藉以保留外交空間及避免正面衝突。當初美國威脅將進一步實施金融和科技制裁，但依然認為切斷俄國與全球金融結算體系的聯繫是萬不得已，免得造成溢出效應，影響全球經濟。反而以往態度模糊的德國宣布會暫停審批「北溪二號」天然氣管道項目，有點出人意表，但此舉其實又不是不能逆轉之舉。

俄羅斯承認兩地獨立有兩個重要啟示。首先，就頓巴斯衝突雙方一度達成的《明斯克協議》，將會不復存在，意味著外交談判空間大幅收窄。執行《明斯克協議》是賦予頓巴斯特殊法律地位，以換來烏克蘭政府重新接掌東部控制權。

這原被視為各國的最大公約數，作出外交讓步的下台階，獲得俄、法、德、美和中國等大國支持，關鍵只在於烏克蘭的妥協。多年來莫斯科一直指責烏克蘭拒絕履行《明斯克協議》，甚至將責任歸咎於歐美國家的縱容，但如今俄國卻悍然承認兩地獨立，等同主動撕毀協議，使得俄方在國際輿論戰失去優勢。

另一方面，「承認」舉措也具有濃厚的民族主義色彩，實在跟普丁一貫的務實外交作風迥異。在俄羅斯吞併克里米亞之後，頓涅茨克與盧甘斯克的親俄武裝分子相繼宣布成立獨立共和國，尋求併入俄羅斯。然而在諸種利益盤算之後，這訴求始終未獲克里姆林宮接納。直至這次俄烏局勢升溫至此，標榜民族主義的俄羅斯共產黨在國家杜馬提出議案，請求普丁承認兩地獨立，當時執政的統俄黨依然未作明確表態，克宮發言人佩斯科夫聲稱議案只會令局勢更加緊張，視之為少數派試圖獲取政治資本的招數。普丁召開聯邦安全委員會會議前不久，國防部宣布撤離烏克蘭邊境軍隊，國家杜馬正式投票通過該項不具約束力的議案，一些分析尚且相信這是為了增加普丁的談判籌碼而已，皆因與此同時他先後安排與馬克宏和德國總理蕭茲（Olaf Scholz, 1958- ；編按：港譯朔爾茨）會面。普丁最終的決定就仿似忽然加入了民族主義陣營，心思撲朔迷離。

2.以戰爭求取「和平」的覆轍

令舉世震驚的當然是俄方對烏克蘭展開「特別軍事行

動」，決意以武力解決烏克蘭問題。戰爭爆發之初，有輿論估計俄方將會繼續漸進地進行軍事擴張，目標只是協助親俄武裝分子奪取整個頓巴斯地區的控制權——雖然頓涅茨克與盧甘斯克的共和國憲法宣稱其領土範圍覆蓋整個頓巴斯，但實際上親俄武裝分子只掌控了烏東三分之一領土，其餘的則尚由烏克蘭政府軍控制（Mirovalev, 2022）。不過有別於「切香腸」式擴大勢力範圍的猜想（明報專訊，2022），俄軍旋即循海陸空三路進攻烏克蘭和轟炸烏方軍事基礎設施，規模遠超烏東範圍。

　　另有輿論將此戰跟克里米亞危機比較，卻恐怕並不恰當。2014年3月俄羅斯軍隊占領克里米亞，然後舉行「脫烏入俄」公投（結果不獲西方國家承認），最終以近乎一槍不發的方式將之吞併，與2022年傷亡枕席的慘況有別。2022年的局勢其實跟喬治亞在2008年的遭遇相似——那年8月俄羅斯與喬治亞爆發「五日戰爭」，時任喬治亞總統薩卡什維利（Mikheil Saakashvili, 1967-）試圖在爭議地區南奧塞梯收復失地，結果招致俄軍入侵還擊，占城毀寨，直到兩國簽署停火協議後才撤離。當然有別於俄喬戰爭，2022年俄軍舉動被視為主動侵略烏克蘭，難以辯稱是合法防禦。

　　同樣值得殷鑑的是2014年底至2015年初《明斯克協議》破裂而《新明斯克協議》簽署之前的局面，當時親俄武裝分子在俄軍協助下向頓巴斯步步進逼，攻占了具有象徵意義的頓涅茨克國際機場，最終迫使烏克蘭重返談判桌和接受條件極為嚴苛的停火協議。前事不忘，這次俄軍嘗試進逼基輔之

初，西方國家未對烏克蘭提供充沛實際支援之下，烏方一度表示願意與莫斯科協商停火與和平的問題，包括其中立地位的可能性。在克里米亞危機後，烏克蘭銳意廢除其不結盟的中立地位，修改憲法列明加入北約的目標；這次提出「芬蘭化」作為談判議題，只會是基輔在軍事失利下的無奈妥協。戰事形勢有變，雙方的談判結果自難逆料。

俄方既已揮軍，可見未來跟西方的關係走上了不歸路。西方強國對俄實施一連串嚴厲制裁，縱使未必能馬上改變俄方決定，長遠而言也將重擊其戰略發展。俄羅斯陷入國際孤立，或將進一步影響中俄關係的國力平衡，迫使它屈於「小夥伴」（junior partner）角色嗎？如果戰爭曠日持久，有輿論相信時間不會有利於俄方，當國內民眾逐漸承受戰爭代價，會將局勢激化的責任從美國和北約轉移到克里姆林宮嗎（Levada Center, 2022a）？

戰雲下的俄國民情：聚旗與離心

俄烏戰爭開打之後，前者國內多個城市接連發生反戰示威，甚至有國營電視台員工在新聞直播中高舉反戰標語，惹人關注克里姆林宮正面臨民意反彈之險。在飽受西方國家制裁、國民生活受到嚴重影響之下，普丁在烏克蘭問題上會否間接被迫作出讓步？不過根據俄國民意調查機構的數據，上述想法暫時是一廂情願，皆因普丁對烏用兵看來得到廣泛民意支持。然而民情並非鐵板一塊，而是受到年齡、地區、性

別和接受資訊渠道等因素影響。在俄國資訊不流通、政府強力打壓新聞媒體的情況下，民調結果有多大程度反映民眾的真實心聲，其實有待商榷。細看這些民調和相關背景，是了解當地情勢的又一面向。

1.開戰獲得大眾認同：民調可信嗎？

　　俄羅斯的主要民調機構包括官方的社會輿論基金會（FOM）和全俄社會輿論研究中心（WCIOM），以及獨立的列瓦達中心。它們做的調查都一致顯示，大部分俄國老百姓認同俄方的「特別軍事行動」，也對普丁的支持度有所提升。根據列瓦達中心的數據顯示（Levada Center, 2022c），受訪者對普丁的支持率從戰前的71%上揚至2022年4月的82%，

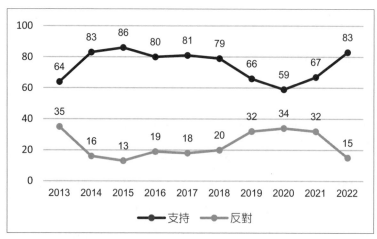

圖3.俄羅斯總統普丁的民意支持度
資料來源：列瓦達中心（Levada Center, 2022c）

也是自2017年9月以來的新高；認為國家正朝著正確方向發展的受訪者亦從52%提升至66%。戰爭開打之後一個月的民調也透露81%受訪者支持俄軍在烏克蘭的行動，大多認為他們旨在保護頓巴斯的俄語人口和平民（43%）、防止對俄羅斯的攻擊（25%）、「去納粹化」（21%）、「去軍事化」（14%）等等；而民眾不支持俄軍行動的主因是不願造成平民傷亡（43%），但認為是「不應干涉別國事務」的只有19%。這些調查結果跟官方民調機構發布的數字幾近相同，也跟坊間民調進行交叉檢查的數據吻合（Safonov, 2022）。

　　儘管列瓦達中心具有獨立性，但不少輿論仍然質疑其結果的可信性，皆因當地的言論及資訊自由日漸收窄，人民未能獲得客觀資訊，會否對烏克蘭戰爭的情勢出現錯判？開戰後俄國政府封鎖了Facebook和Twitter等西方社交平台，又立法禁止傳媒發表「虛假」軍情，包括不准使用「戰爭」和「侵略」等詞，導致「莫斯科回聲電台」（Ekho Moskvy）、「雨電視」（Dozhd TV）和《新報》（*Novaya Gazeta*）等自由派媒體相繼暫停運作。主導輿論的俄羅斯國營媒體則著力傳達官方觀點，對俄軍轟炸平民及傷亡數字等不利軍情隻字不提。

　　此外，亦有觀點認為俄國人在受訪時不再願意提供真實想法，結果造成人民支持戰爭的「假象」。這除了因為民眾害怕被以言入罪或招致無理解僱等懲罰外，也可能牽涉到俄國人根深柢固的從眾心理，傾向跟從社會接受的標準和價值觀。在前述《普丁對人民》一書中，作者的研究指出俄國人

在五大人格特徵中的親和性（agreeableness）較高，令他們常把官方的主流觀點視為「正常」，失去另類的想像空間，並且容易對異見者有所抗拒。

另一方面，也有分析認為民調結果可信，並且嘗試為這現象提供解釋——俄國對烏克蘭用兵招致西方制裁，制裁產生了「聚旗效應」（rally 'round the flag effect），使民眾相信在國家危機中有必要擁護普丁政權以抵禦外來威脅。這可算是克里米亞效應的經典重演，但有別於當時採取針對普丁親信的「精巧制裁」（smart sanctions），這一次西方列強對俄實施了更廣泛的制裁，而且政治與生意不再分開，由此掀起了跨國企業對俄的抵制浪潮，令俄國老百姓的日常生活嚴重受損。這些新事態導致俄國社會跟政府共同承受制裁所造成的傷害，讓人民的反西方情緒更上層樓。還有一種「政治不正確」的說法：俄羅斯人壓根兒就支持普丁的帝國主義擴張（Rodin, 2022），但這當然是非常大膽的設想，有待進一步論證。

2.不應忽略不敢張揚的異見

民調結果也許展現了俄國社會的主流想法，但也可能暗示了異議聲音的存在。首先，社會輿論基金會的數據反映出年齡與「特別軍事行動」的支持度成正比，認為行動是正確決定的60歲以上長者（83%）遠多於30歲以下年輕人（59%）；其次，通過網路獲取新聞的受訪者當中，有24%認為俄國出兵是錯誤的，而從電視接收資訊的人只有7%持

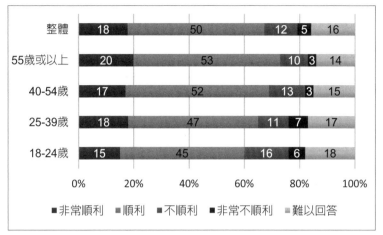

圖4.俄羅斯人認為在烏克蘭的「特別軍事行動」進展順利嗎？

資料來源：列瓦達中心（Levada Center, 2022d）

這種想法（FOM, 2022）。除了年齡和接收資訊的途徑，城鄉住民的差異和性別因素都影響了受訪者對烏克蘭動武的態度。列瓦達中心主任古德科夫（Lev Gudkov）透露，接近六成莫斯科居民對開戰持否定態度，但同時有七成鄉村和小城鎮居民表示贊成（Poznyakov, 2022）。女性受訪者也較男性更有可能不支持對烏克蘭動武，特別是30至50歲的中年婦女（Бессуднов, 2022）。

假如年輕、從網路接收資訊、居住於大城市的人民對俄國軍事行動支持度較低，這將可能對俄羅斯的國家發展構成重大隱憂。短期而言，年輕人理應為軍隊的主要徵召對象，他們對戰爭相對反感，可能影響到俄軍的後勤供應與兵力補充，而克宮應對挑戰的方法很可能是調動其他地區的部隊或

招募僱傭兵參戰。長遠而言，當這些年輕人最終選擇離開故土，恐使俄羅斯的人口危機和產業結構失衡等難題雪上加霜。自蘇聯解體以還，俄國長年陷入出生率低和死亡率高的人口危機，加上新冠肺炎導致自然流失率攀升一倍，年輕人才進一步流失恐怕會加劇人力資源短缺情況。近年克里姆林宮提倡推動產業升級，以減輕俄國經濟對能源和原材料工業的依賴，而邁向知識型經濟發展最需要的人才正正可能是心存離意的「網路世代」。那麼，窮兵黷武對逆轉這些劣勢是利是弊？

切爾西英超霸業與俄羅斯軟實力一炮成空？

本章的宏觀論析接近尾聲，這裡再一次將關注聚焦在一個軟性個案：英國足球超級聯賽四大豪門之一切爾西（Chelsea）的主人、俄羅斯寡頭巨賈阿布拉莫維奇的資產因為俄羅斯對烏克蘭開戰而被英國政府凍結。從此回望球壇一代梟雄的經歷，看的不只是20年來的英超生態，還有俄國政治的波譎雲詭。

「以這種方式跟球隊分手，讓我痛苦萬分。」2022年3月初阿布拉莫維奇宣布出售英格蘭足球俱樂部切爾西，是否意味著一個時代的終結？一般相信這決定跟俄羅斯對烏克蘭用兵有關，皆因多年來他與普丁政權關係密切，他自忖很可能會遭受英國政府制裁，到3月9日早上英國政府正式凍結其資產。儘管阿布拉莫維奇為人作風低調，這次動盪卻不可能

不颳起政界和體育界紛紛議論。

1.與克宮的「魔鬼交易」

　　阿布拉莫維奇生於猶太家庭，父母早喪，孤雛由居於北部烏赫塔（Ukhta）的叔父萊布（Leib Abramovich）收養。他就讀烏赫塔工業學院時，正值蘇聯推行「重建」，在動盪時代他毅然輟學創業。那些年蘇聯物資短缺，負責管理工業原材料和消費品供應鏈的萊布運用純熟的談判和溝通技巧為達官貴人搜羅各種高需求的進口產品。受惠於萊布建立的龐大商業人脈，阿布拉莫維奇在創業路上暢通無阻，也從實踐中學懂了如何管理人事關係和財富。一組俄國學者研究團隊指出，他的首要管理原則是「先人後事」（First who, then what）——首先選擇正確的人，然後才決定合適策略（Altukov et al., 2020）。他深受叔父薰陶，同樣熱衷於建立龐大的社交網絡，成為了逾30家世界各地不同範疇企業的創始人，並且樂意將權力下放予合作夥伴。

　　1990年代初「變天」後的俄羅斯營商環境惡劣，從事貿易生意的阿布拉莫維奇卻憑藉能源業務致富，與克里姆林宮的關係千絲萬縷。他跟當時的首富別列佐夫斯基過從甚密，又在前總統葉爾欽的庇佑下透過貸款換股計畫以廉價獲得西伯利亞石油公司擁有權，從而累積豐厚資產。投桃報李，他與其他寡頭商賈支持葉爾欽競選連任，令後者在低民望下奇蹟勝選。

　　普丁上台之後大力打擊謀求政治勢力的寡頭商賈，旨在

扶植親信掌控國家重要資產，進一步鞏固政權穩定；而嚴懲私有化中的違法致富者自是不乏民意支持。別列佐夫斯基和霍多爾科夫斯基首當其衝，後者掌管的尤科斯石油公司破產收場。包括阿布拉莫維奇的其他一些寡頭商賈望風折腰，放棄追求權力，換取比較「自由」的生活權利。

2.普丁：足球霸業的幕後大哥大？

曾經在葉爾欽時代擔任政府經濟顧問的阿斯倫德（Anders Aslund, 1952- ）透露，阿布拉莫維奇向普丁政府作出多項妥協，包括出售俄鋁和俄羅斯航空的股份，又將西伯利亞石油公司轉售予俄羅斯天然氣公司（Gazprom）；他最終也跟別列佐夫斯基反目，對簿公堂（Aslund, 2009）。更有趣的是他承諾為發展俄國足球進行投資，包括在國內興建球場、聘請荷蘭名帥希丁克（Guus Hiddink, 1946- ；編按：港譯軒迪克）出任國家隊主教練、協助申辦2018年世界盃等。

跟普丁「握手」之後套現了大筆資金，阿布拉莫維奇在2003年以1.4億英鎊收購瀕臨破產的切爾西，頓成一時佳話。儘管在收購聲明中自稱是「足球的熱心追隨者」，但他對足球的「迷戀」似乎來得突然，傳說是在此之前不過數月，獲邀到老特拉福德球場（Old Trafford；編按：港譯奧脫福球場）觀看曼聯（Manchester United）對皇家馬德里（Real Madrid）的經典歐聯賽事之後才忽然興致勃發。他最初打算收購曼聯，但礙於作價太高和股權過於複雜而未有成事；也曾考慮入主兵工廠（Arsenal；編按：港譯阿仙奴）

或熱刺（Spurs），最終情歸切爾西，因為它既是倫敦的足球俱樂部、股權相對簡單又財政狀況欠佳，收購過程水到渠成。

自此，「阿布拉莫維奇—切爾西—普丁」成為撲朔迷離的謎題。例如2020年英國《金融時報》（*Financial Times*）記者貝爾頓（Catherine Belton）著作《普丁的人民》（*Putin's People*）中，阿布拉莫維奇被形容為普丁的「收銀員」，是普丁指使他收購切爾西，藉以替俄羅斯在英國提升影響力和認受性，甚或蠱惑（corrupt）西方世界（Belton, 2020）。阿布拉莫維奇入稟控告貝爾頓誹謗，結果雙方在法庭上達成和解協議，後者承認書中含有不實內容，同意修改相關章節。不過，阿布拉莫維奇也在一些法庭程序上承認過曾經用金錢換取政治影響力。

3.顛覆英國足球傳統

阿布拉莫維奇入主切爾西之後，球會搖身一變成為歐洲豪門，到2022年春共贏得19項主要錦標，包括五次英超冠軍、五次英格蘭足總盃（FA Cup）冠軍、三次英格蘭聯賽盃（League Cup）冠軍、兩次歐冠盃（UEFA Champions League）冠軍、兩次歐聯（UEFA Europa League）冠軍、兩次歐洲超級盃（UEFA Super Cup）冠軍和一次國際足總俱樂部世界盃（FIFA Club World Cup）冠軍。當中比較具歷史意義的是2004-2005球季在時隔50年後奪得頂級聯賽冠軍，2011-2012球季首次奪得歐洲聯賽冠軍和2022年2月首次奪得

國際足總俱樂部世界盃，盡收天下牛耳。

多年來阿布拉莫維奇向切爾西以個人借貸方式注入巨資超過15億英鎊，將它的命運澈底改變，因而一直深受球迷愛戴──即使他連番辭退同樣備受球迷擁護的總教練。最令人痛心的一次發生在2015-2016球季，當時球隊的聯賽成績不濟，導致兩度入帥的傳奇教練穆里尼奧（José Mourinho, 1963- ；編按：港譯摩連奴）再次被裁。不過，切爾西球迷並沒有批評阿布拉莫維奇，反而遷怒於球隊的主力球員，痛斥阿札爾（Eden Hazard, 1991- ；編按：港譯夏薩特）、法布雷加斯（Cesc Fàbregas, 1987- ；編按：港譯法比加斯）和迪亞高·哥斯達（Diego Costa, 1988- ）等為「叛徒」。BBC首席球評家麥克諾提（Phil McNulty）認為，這正是阿布拉莫維奇厲害之處，跟切爾西球迷建立了一種默契，以巨額投資和球會佳績換取後者對自己的任何決定都吞聲忍氣（McNulty, 2022）。

他的成就衝擊和顛覆了英國足球的傳統秩序和文化。2003年之前的英超是曼聯和兵工廠雙龍霸海之勢，他君臨切爾西之後馬上破局，連奪2004-2005和2005-2006兩季的聯賽冠軍。與此同時，切爾西換帥頻繁，跟曼聯和兵工廠的管理模式大相逕庭──佛格森（Alex Ferguson, 1941- ；編按：港譯費格遜）在曼聯掌印27年，溫格（Arsène Wenger, 1949- ；編按：港譯雲加）在兵工廠領軍22年，但阿布拉莫維奇朝代不足20年卻13度更換總教練，包括斯科拉里（Luiz Felipe Scolari, 1948- ；編按：港譯史高拉利）、安切洛蒂（Carlo

Ancelotti, 1959- ；編按：港譯安察洛堤）、孔蒂（Antonio Conte, 1969- ；編按：港譯干地）等都是殿堂級名將。有謂陣前易帥乃兵家大忌，但切爾西換將後成績往往立竿見影，有兩次更是季中走馬換帥後奪得歐聯冠軍。

阿布拉莫維奇也開啟了「金錢足球」風氣，他治下的切爾西球員轉會支出高達22.2億歐元，九次刷新球會記錄；2011年從利物浦購入西班牙前鋒費南多・托雷斯（Fernando Torres, 1984- ；編按：港譯費蘭度・托利斯）更打破了英超記錄；2018年羅致了全球最高身價的門將艾列沙巴拿加（Kepa Arrizabalaga, 1994- ；編按：港譯艾利沙巴拿加）。他在球員轉會窗揮金如土，其他英超球會唯有跟風，高價羅致頂級球員，間接提高整個聯賽的競爭力。這些舉措其實是勇於求變抑或急功近利，尚待爭議評價。

4.俄式霸業前功盡墨？

謎題的另一個撲朔迷離之處，是出售切爾西就能挽狂瀾於既倒嗎？阿布拉莫維奇一直否認是普丁黨羽，但出道以來他就從未撇清過跟俄國貪腐金權政治的關係。十多年前他曾經申請瑞士居留權，卻因警方指稱他涉及洗黑錢和勾結犯罪組織而不予推薦；2018年受俄國叛諜斯克里帕爾（Sergei Skripal, 1951- ）中毒案牽連，雖然貴為切爾西老闆，但「投資者簽證」續期申請受阻。俄烏戰爭令這些積怨又再浮面，2022年3月初工黨國會議員布萊恩特（Chris Byrant, 1962- ）就引述內政部祕密文件，指稱英國政府自2019年已經瞄準俄

羅斯的非法財務和惡意行為，會設法讓相關人物和活動不能在英國得逞，阿布拉莫維奇名列其中；不旋踵，工黨黨魁施凱爾（Keir Starmer, 1962-；編按：港譯施紀賢）厲色要求要阿布拉莫維奇面對制裁，後者在數小時後宣布出售切爾西。這些日子，不只一位俄國寡頭商賈中箭，被英國政府制裁，包括兵工廠和艾佛頓（Everton；作者按：港譯愛華頓）的前股東吾斯曼諾夫（Alisher Usmanov, 1953-）和前總理舒瓦洛夫（Igor Shuvalov, 1967-）；傳說這個箭靶名單人數過百，阿布拉莫維奇怎不眼見心寒？戰事初期俄烏雙方在白羅斯展開談判，他的公關代表給力放風，說老闆正積極運用影響力參與斡旋，這不是跟他多年來自稱政治不沾鍋自相矛盾嗎？

臨危急售，有銷售專家估計切爾西大約價值22億英鎊，阿布拉莫維奇卻叫價高達30億，葫蘆內裡賣什麼藥（急售的還有在英的所有別墅）？2021年雖然在歐聯掄元，但切爾西稅後虧損超過1.4億英鎊；2004-2013年共虧損超過6.7億，當中只有一季賺錢。重建主場史丹福橋球場（Stamford Bridge Stadium）拖宕良久，負擔日重，只看門票收益就已經追趕不來（切爾西一個球季的門票收益大約是七至八千萬英鎊，曼聯是超過1.4億，兵工廠也有1.3億）。阿布拉莫維奇聲言不打算收回前述的15億英鎊債務，又煞有介事地表示會將售後純利交給切爾西慈善基金會，用以幫助烏克蘭戰爭的受害者。ESPN足球頻道的資深評論人提醒大家不妨靜觀其變（Olley & Marcotti, 2022）：切爾西足球俱樂部的母公司是Fordstam，阿布拉莫維奇乃單一持股人，而慈善基金會的六

位成員當中有一半都是他的受薪打工仔，怎樣算是「不收回債務」？「售後純利」怎樣計算？風聲鶴唳之際他還想玩什麼數字遊戲？

一度盛傳對收購表示興趣的都是英、美、西歐大亨。英語媒體似乎都熱切期待切爾西「回歸」西方世界懷抱。制裁終於降臨，根據相關牌照的苛刻條款，即使阿布拉莫維奇願意，也不容許繼續注資苦撐。最後英國政府在2022年5月批准球隊售予美國財團（25億英鎊成交），在制裁之下阿布拉莫維奇不會從交易有所收益，金錢都送付烏克蘭人道主義援助。

多年來俄國代理人在西方世界經營的軟實力卓然有成，隨著俄軍一聲炮響就無以為繼，克宮真的認為划得來嗎？

俄羅斯「勝利日」的重新定義

5月9日是俄羅斯的「衛國戰爭勝利日」，以紀念蘇聯在第二次世界大戰擊敗納粹德國，2022年在俄烏戰爭的背景下「勝利日」（Victory Day）別具意義。作為俄羅斯最隆重和充滿歷史意義的節日，無論是普丁的支持者或反對者，對他在「勝利日」的舉措都抱有不同的期望。

2022年3月24日《基輔獨立報》（*The Kyiv Independent*）曾引述烏軍總參謀部的情報，表示俄羅斯軍隊被命令要在「勝利日」前結束戰爭，但外長拉夫羅夫駁斥指俄軍的行動不會建基於某個特定日期。美國和西方官員也曾認為，普丁

將於「勝利日」正式對烏克蘭宣戰和宣布大規模動員，但有關揣測同樣被克里姆林宮發言人佩斯科夫斷然否認。俄方素來堅持對烏克蘭展開的是「特別軍事行動」，有分析認為正式宣戰會澈底改變克宮的論述，也間接地承認俄軍行動未能按照計畫進行（Guy & Chernova, 2022）。另外，全面動員除了會進一步拖垮俄羅斯經濟外，亦可能招致群眾的反感和削弱他們對普丁的支持。

也許讓不少人感到意外的，是普丁的「勝利日」演說最終沒有作出重要宣布，只是重申西方的軍事威脅和俄方「特別軍事行動」的合理性。縱使俄烏戰爭導致紅場閱兵的規模縮小，僅有1.1萬名士兵和131件軍事裝備參與其中，但令人詫異的是空中編隊的飛行環節因為天氣問題而取消，致使象徵支持俄軍在烏克蘭作戰的「Z」標誌沒有在閱兵中出現。

1. 「勝利日」的傳統和現代意義

「勝利日」的由來源自二戰期間，效忠希特勒的德國陸軍元帥凱特爾（Wilhelm Keitel, 1882-1946）於1945年5月8日晚上在柏林簽署投降書，但基於時差問題，協議生效時在莫斯科已經是翌日。蘇聯領導人史達林宣布當天為法定假期；而隨著軍隊的凱旋回歸，同年6月24日他在紅場主持了盛大的閱兵儀式。不過自1947年起，「勝利日」不再是蘇聯的公眾假期，箇中原因眾說紛紜。直到1965年、衛國戰爭勝利20週年之際，時任蘇聯領導人布里茲涅夫才恢復了「勝利日」的節日地位和舉行閱兵，包括退伍軍人巡遊和軍備展示，以

操縱意識形態和愛國情緒。縱使「勝利日」是極為隆重的節日，但蘇聯此後僅在1985和1990年的「勝利日」再次舉行閱兵。蘇聯解體之後，俄羅斯首任總統葉爾欽於1995年重新建立「勝利日」閱兵的規定，其時俄軍正陷入車臣戰爭的泥沼之中。

在普丁治下，俄羅斯的「勝利日」被賦予濃厚的象徵意義，也成為克里姆林宮政治宣傳的重要手段。烏方拚命抵抗俄軍進兵就葉爾欽政府推動「休克療法」改革失敗，導致俄羅斯面臨重大的經濟和金融危機。普丁冀望憑藉俄羅斯的軍事實力基礎，扭轉國家成為冷戰輸家的形象，並且最終重振其大國地位。在他掌權後的首個「勝利日」演說中，普丁感激退伍軍人讓俄羅斯習慣成為贏家，亦強調軍事勝利使它變成一個強大和繁榮的國家（Putin, 2000）。受惠於國際油價上升，千禧年後俄羅斯經濟快速復甦。在2008年「勝利日」閱兵中，俄國軍隊自蘇聯解體後首次展示重型軍事裝備，藉以對外彰顯國力復興。當天，俄羅斯軍機自1957年以來再次在閱兵中飛越紅場上空，而今日俄羅斯電視台（RT）也首次向海外觀眾轉播閱兵的盛況。

自2012年起，來自西伯利亞的記者發起「不朽軍團」（Immortal Regiment）遊行，呼籲人們帶著二戰老兵親屬的肖像莊嚴地巡行，以象徵後人傳承先祖參與衛國戰爭的堅毅和犧牲精神。隨著「不朽軍團」日漸普及和深受歡迎，政府逐漸主導了這個民間自發的活動，例如普丁曾在2015年舉著他父親的照片帶領遊行隊伍出發；自那年開始，國防部也銳

意在「勝利日」閱兵展示新型武器，以呈現俄國進行大規模軍事改革的成果，提醒西方國家不能小覷其軍事實力。

2.歷史修正主義和俄羅斯例外主義

在面臨輿論戰劣勢之際，俄國政客嘗試透過重新演繹「勝利日」的意義，以提升對烏「特別軍事行動」的認受性。俄羅斯在烏克蘭的軍事行動招致國際社會強烈反對，箇中原因是普丁被指責為修正主義者，尋求改變現狀和建立新的國際秩序。然而，前俄羅斯駐倫敦大使館的特使克拉馬倫科（Alexander Kramarenko）在「勝利日」前不久撰文，辯稱西方國家試圖復興納粹主義，使烏克蘭被迫走上了戰爭的最前沿，旨在改變二戰的結果（Kramarenko, 2022）。他批評美國外交政策菁英欠缺歷史觸覺，漠視了對納粹德國的綏靖政策造成的沉重代價。這個論述可說是俄羅斯的主旋律的延伸，它將與烏克蘭爆發衝突的責任歸咎於北約東擴和美國霸權主義，並且強調俄方行動純屬自我防禦性質。

此外，前蘇聯和東歐國家對待「勝利日」的不同態度，也被俄羅斯視為西方國家「消除」其文化的行動。根據全俄羅斯民調研究中心的調查顯示，在過去五年間俄羅斯人視「勝利日」為最重要的國家節慶，超越了新年和復活節等宗教節日（VTsIOM, 2022）。儘管烏克蘭仍然保留了「勝利日」，但基輔政府在2015年把5月8日增設為「紀念與和解日」，象徵與「歐戰勝利紀念日」看齊。2022年4月初拉脫維亞議會通過法案，劃定5月9日為烏克蘭戰爭受害者的紀念

日，同時禁止當天舉行任何公眾集會或遊行。即使是2022年初曾向俄羅斯尋求軍事援助的哈薩克，也決定取消「勝利日」閱兵的傳統。被譽為普丁喉舌的俄羅斯國營電視台主播基謝廖夫（Dmitry Kiselev, 1954-）形容這些國家的行為旨在滅絕「勝利日」，跟近年來西方對俄羅斯實施制裁和進行杯葛一脈相承（Kiselev, 2022）。目前「西方消除俄羅斯文化」的論調在當地大行其道，將俄烏戰爭提升到文明衝突的層面，促成了民眾在危機中擁護普丁政權以抵禦外敵的「聚旗效應」。

再者，2022年「勝利日」閱兵沒有外國元首出席，也許反映了莫斯科處於國際孤立的狀態。儘管美國、中國和歐洲國家的領袖過往曾獲邀參加「勝利日」閱兵，但克里姆林宮表示2022年不是整數週年紀念日，所以不會邀請任何外國元首出席儀式，包括白羅斯總統盧卡申科（Aleksandr Lukashenko, 1954-）。不過根據記錄，塔吉克總統拉赫蒙（Emomali Rahmon, 1952-）、哈薩克前總統納扎爾巴耶夫（Nursultan Nazarbayev, 1940-）、塞爾維亞總統武契奇（Aleksandar Vučić, 1970-）、以色列前總理納坦雅胡（Benjamin Netanyahu, 1949-；編按：港譯內塔尼亞胡）和摩爾多瓦前總統多東（Igor Dodon, 1975-）曾分別在非整數紀念年份出席了紅場閱兵。姑勿論是克宮沒有邀請外賓，還是其他國家領袖婉拒了俄方邀請，俄羅斯似乎甘於成為少數。根據俄國聯邦委員會副議長科薩切夫（Konstantin Kosachev, 1962-）的說法，站在歷史正確一邊的人永遠只有

少數，言談之間帶有濃厚的民族自豪感和獨特的俄羅斯例外主義（Latukhina, 2022）。

3.歷史會重演嗎？

曾有分析認為普丁會在「勝利日」演說中宣布在烏克蘭的軍事行動取得階段性勝利，例如奪得赫爾松和馬立波的控制權，以為自身鞏固政治支持度。但是隨著戰爭陷入僵持狀態，普丁的發言和態度相對克制，甚至可能顯得懦弱。近年俄羅斯「勝利日」慶祝活動中出現了「我們可以再做一次」的口號，但恐怕目前只是一廂情願的想法。

俄烏戰爭如何結束，將取決於克里姆林宮究竟需要什麼樣的勝利。在二戰末期的雅爾達（Yalta）會議中，蘇聯與英美兩國對戰後新世界進行了重新規劃。回到今天，假如俄烏戰爭得以結束，俄羅斯其實仍有足夠實力與美國和中國周旋，以建立自己樂見的國際秩序吧？

對烏揮軍，一將功成國運枯？

俄羅斯既已對烏克蘭開戰，它的戰略動機、「大國」抱負和此後將要面臨的種種挑戰，應予如何梳理？普丁的大國復興夢想是庶幾成真抑或鏡花水月？

1.普丁出兵的動機和盤算

在地緣政治的角度下，俄羅斯攻打烏克蘭旨在扭轉後冷

戰時期國際秩序，從而建構新的權力平衡體系。冷戰結束之後，以美國為首的西方國家自視為「贏家」，但繼承蘇聯的俄羅斯卻沒有把自己當作「輸家」，因為俄方認為戈巴契夫主動結束冷戰，藉以構想建立「歐洲共同家園」（Common European Home），與美國共治全球。於是，俄羅斯認為西方主導的後冷戰秩序並不公平，多年來與中國等非西方國家倡議多極世界觀。俄羅斯自恃為大國，把前蘇聯地區當作其勢力範圍，不容其他大國介入，藉以建立分隔西方的戰略緩衝區。因此，俄羅斯反對烏克蘭加入北約，憂慮北約進一步東擴會嚴重威脅其國家安全。在這個視角下，俄羅斯與西方列強的地緣政治衝突幾近無可避免，而烏方拚命抵抗俄軍進兵就恰似一場「代理人戰爭」。

　　雖然地緣政治說明了此戰的結構性背景，但為何是此時此刻揮軍激戰？這必須細察普丁在國內的政治籌謀。列瓦達中心的民調顯示，2020年「普丁永續」修憲公投以來，他的民望一直在60%範圍內的高低水平徘徊，對烏開戰一聲炮響，民望飆升至超過八成，民眾對開戰也未見有重大反對聲音（Levada Center, 2022b）。修憲容許普丁重新競選總統，意味他或可繼續掌權至2036年，但本屆任期至2024年結束前依然為他帶來挑戰與忐忑。假如普丁決意再次參選，必須有豐厚政績支撐他永續執政，而向烏克蘭擴張領土自是良方之一。即或他最終選擇退位，「收復」烏克蘭也將為他留下歷史豐碑，而這總比將解決烏克蘭難題的重擔卸責後人。

2.動武代價不菲

　　兵凶戰危之際，俄國國內的政治分析都流於模稜兩可，上述推斷暫難確鑿。不過，俄羅斯將要支付的高昂代價卻是顯而易見。開戰以來美國和歐盟對俄羅斯實施一系列制裁，包括切斷後者與全球金融結算體系的聯繫，以及實施關鍵技術出口管制。根據克里米亞危機的經驗，儘管西方制裁未必能動搖俄方軍事決定，但將會對其長遠戰略發展帶來嚴峻衝擊（王家豪、羅金義，2020b）。而且，西方輿論指斥俄羅斯主動揮軍烏克蘭欠缺道德和法理基礎，莫斯科很可能進一步陷入國際孤立。即使在俄羅斯主導的集體安全條約組織（CSTO）中，僅有白羅斯表態支持承認烏東兩地獨立，其他成員國如哈薩克和亞美尼亞則不置可否；與俄國關係密切的上海合作組織（SCO，簡稱上合組織）和金磚國家一直未有對烏克蘭局勢作出明確表態。

　　俄羅斯還要寄望中國和印度等非西方大國對局勢保持中立，藉以透過戰略重心轉移來緩減被西方孤立的影響。在2022年2月初簽署的中俄聯合聲明時，雙方反對北約東擴和指責美國的外交政策，但始終沒有具體提及烏克蘭議題。開戰之後，北京既不譴責俄方軍事行動或對俄實施制裁，但同時又聲稱支持烏克蘭的國家主權和領土完整。儘管克里姆林宮大致上對於中國保持中立感到滿意，但俄國學者提醒，中國對俄的支持不是沒有限度的，它尤其不願意犧牲與美國的關係（Skosyrev, 2022）。俄羅斯亦要憂慮過於依賴中國的

情況，迫使俄國逐漸成為關係中的「小夥伴」。

　　除了面臨國際孤立，克宮也得提防國內民意反彈的潛在風險。綜觀過往俄羅斯的民調結果，或可歸納出幾點觀察：首先，六成民眾將烏東局勢升溫的責任歸咎於美國和北約，俄國是被迫捲入衝突（Levada Center, 2022a）；其次，俄、烏雙方的老百姓之間維持正面態度，但俄國人對烏國政府、烏國人對俄國政府則態度負面（Levada Center, 2021a）；再者，俄國人對頓巴斯的地位意見分歧，但傾向支持其獨立或併入俄羅斯，共58%（Levada Center, 2021b）。值得留意的是，上述民意取態與年齡成正比：較年長、傳統媒體世代的民眾跟官方主旋律較為相近。不過基於俄國的裙帶資本主義體制，也許更應關注俄羅斯權貴的取態，因他們主導各行各業，對普丁政權的穩定性發揮關鍵作用。我們亦不能忽視克里米亞危機後出現的「聚旗效應」，促使俄國菁英在國家危機時更加擁護普丁政權，民眾反戰示威一時之間難成氣候。

3.過時的大國觀念？

　　在新千禧年接任俄羅斯總統前夕，普丁發表了名篇〈千年之交的俄羅斯〉（Russia at the turn of the Millennium），宣稱俄國從過去到將來都是強大國家（Putin, 1999）。在俄羅斯學者眼中，作為世界大國擁有三個主要特徵：享有勢力範圍、保持外交獨立性、核心利益得到尊重。猶如美國提出門羅主義以建立在西半球的霸權地位，俄羅斯同樣劃下勢力範圍的「紅線」，多年來抗拒其他勢力涉足前蘇聯地區。

俄羅斯也自詡是世上唯一能抗衡美國的國家，在國際舞台上扮演獨立自主的角色，致力務實地按照國家利益推行外交政策，而且盡量不受外國勢力影響。俄羅斯外長拉夫羅夫重申的「安全不可分割」（indivisible security）原則也十分重要，致力確保西方國家提高自身安全時不會犧牲了俄國安全。

　　由此可見，俄羅斯的大國復興夢想主要建基於軍事實力，但根據綜合國力概念，判斷一個國家的實力仍需要考慮科技創新力、文化吸引力、制度活力等一籃子因素。普丁有反思如此這般的大國觀念是否已經不合時宜？抑或他在乎的其實別有懷抱？但一將功成國運枯，又是不是他原來的如意算盤？

第四章
歐亞的俄羅斯幽靈

烏克蘭拒絕參與歐亞融合，導致歐亞經濟聯盟失色不少，但是俄羅斯的地區整合計畫依然獲得了白羅斯、哈薩克、亞美尼亞和吉爾吉斯支持。如果說，俄羅斯決心使用「大棒」懲罰烏克蘭，那麼與此同時它是傾向利用「胡蘿蔔」獎勵歐亞盟成員國吧？但這些國家各自面臨嚴峻的政治挑戰和戰爭威脅，似乎造成了歐亞失序的局面。俄羅斯對它們提供政治和軍事支援，足以維護地區秩序及保持其地區影響力嗎？另一方面，這些脫離蘇聯帝國30年的前加盟國，何種程度上已經擺脫「幽靈」，走上真正獨立自主和自由民主化的坦途，抑或是俄式專制的鏡像始終如影隨形？

白羅斯「佛系抗疫」居心叵測

2020年新冠疫情開始肆虐全球之際，白羅斯卻採取無為而治的抗疫方法，強調一切如常。總統盧卡申科甚至口出「狂」言，說新冠肺炎是種精神病，又提出以曳引機（有飽飯吃）、冰上曲棍球（凍死病毒）、伏特加（消毒雙手）和桑拿浴（高溫殺死病毒）等奇招抗疫。在沒有封關、商戶如

常營業的情況下，2020年4月初白羅斯官方僅錄得共163宗確診及兩宗死亡個案。本書第二章談及俄羅斯的抗疫危機，而爆疫初期白羅斯的抗疫政策卻大異其趣，這是否影照出一個比俄國「青出於藍」的專制政權？

1.抗疫不忘短期政治盤算？

盧卡申科的「怪論」相信旨在穩定民心，是慣用的內宣伎倆，確保總統大選如期在2020年8月底舉行。他試圖向國民傳遞兩個重要訊息：一，目前疫情不是一場危機；二，即使它演變成危機，政府也有能力全面控制。盧卡申科自1994年執政至今，明言不會推遲選舉，也豪言疫情在當年復活節後逐漸消退。

一旦舉國採取隔離措施，限制人身自由，隨時招致民眾不滿，或失民心，也勢必衝擊國家經濟，盧卡申科絕不樂見，畢竟他的主要政綱是提高人民生活水平。2019年俄國石油稅改令白羅斯經濟前景蒙上陰影，疫情將令民生雪上加霜。盧卡申科主張一切如常，批評宣布緊急狀態的國家短視，其實是短暫延後相關經濟衝擊以穩住短期政治操作，寒冬始終無可避免。

鄰邦俄羅斯的普丁總統原擬在2020年初提出修憲，為永續執政鋪路；起初他跟盧卡申科的口徑相似，強調疫情全面受控，並會如期舉行修憲公投。3月底終於口風急轉，宣布推遲公投及全國「放假」，不久由莫斯科市長索比亞寧宣布嚴屬隔離政策。普丁找人背黑鍋的招數也許值得「借鑑」，

惟掌握絕對權力的盧卡申科缺乏第二把交椅人選，反而欠缺「轉軚」（編按：此為「轉動方向盤」的粵語說法，指政策改變或者政治人物改變立場）空間。

2.恐慌源於資訊不透明

　　白羅斯衛生部公布疫情訊息時，出現三大缺失：選擇性公開資訊、欠缺每日更新、訊息模糊。盧卡申科常批評媒體製造恐慌，其實新聞媒體普遍是國營機構，政府早已全面操控傳媒話語權。政府只允許白羅斯國家通訊社（Belta）報導疫情消息，其他私營新聞媒體一律被逼閉嘴，說是防止後者散播虛假資訊。大多數國家和世界衛生組織每日更新感染數據，但白羅斯衛生部並不效法，只是不時隔幾天才發放數據，也鮮有直接提及確診人數，訊息令大眾摸不著頭腦。看看2020年3月30日的報導：「目前有47人已出院或等待出院，當中COVID-19測試呈陽性反應，同時有105人正接受醫學監察和治療。」其實當天的確診個案為152宗。

　　政府猶抱琵琶半遮面，民眾恐慌情緒愈發嚴重，白羅斯老百姓即或只是透過傳統媒體接收資訊，也不難發現鄰國如俄國、烏克蘭、波蘭、立陶宛和拉脫維亞已陸續封關，與自家的抗疫舉措反差強烈。俄語媒體主導白羅斯新聞界，所以俄國封關的新聞尤為震撼；盧卡申科猛烈抨擊莫斯科的決定，其實是老羞成怒吧？

　　隨著傳媒公信力成疑，民眾紛紛轉用網路接收疫情資訊。Telegram和Instagram流傳醫院迫爆的影片，與官媒報導

的疫情受控有雲泥之別，群眾恐慌情緒更甚。盧卡申科敦促國安組織（KGB）捉拿疫情謠言的散播者，是否對症下藥？

3.相信政府，不用怕？

盧卡申科堅拒限制國內商業活動，似乎獲得不少企業和應，畢竟白羅斯的工業結構以國企為主，占國民生產總值的55%，也占整體就業人口的三分之二。根據問卷調查，六成受訪者表示工作安排未受疫情影響，只有26%僱員在家工作；不過，近半受訪者明言辦公室已添置防疫和消毒用品以應對疫情（rabota.by, 2020）。

白羅斯欠缺民調機構進行與疫情相關的調查，所以大家只能借助俄國的相關數據側窺旁探。根據列瓦達中心數據，逾三分之二受訪者不擔心感染新冠肺炎（Levada Center, 2020e），但同時有59%受訪者表示不相信官方的感染人數數據（Levada Center, 2020f）。作者訪問過居住香港的白羅斯人Leonid Patorsky先生，他透露首宗新冠肺炎死亡案例導致群眾恐慌，不少人不再信任政府，寧願自救，但對醫療系統和醫護仍然保持信心；民眾最感不滿的是政府堅拒停課。白羅斯沿襲蘇聯政治制度，官僚機構效率低下，疫情大爆發之時，就是考驗盧卡申科的專制體制是否真箇撥水不入，具有臨危應變挽狂瀾於既倒之能。

為何民眾抗爭推不倒白羅斯專制統治？

2020年8月初盧卡申科擊敗代夫參選的季哈諾夫斯卡婭（Svetlana Tikhanovskaya, 1982- ；編按：港譯蒂卡諾夫斯卡婭），第六度「高票」當選，延續其長達26年的執政生涯。選前他重施故技將前銀行家巴巴利科（Viktar Babaryka, 1963-）和知名反對派人士季哈諾夫斯基（Sergei Tikhanovsky, 1978-）收監，讓前駐美大使塞普卡洛（Valery Tsepkalo, 1965-）流亡俄國，確保自己在無強大競爭對手下連任總統。根據白羅斯社會學研究所洩露的民調結果顯示，選前三個月盧卡申科在首都明斯克的支持率只有24%（Dorokhov, 2020）；然而，他一如既往最終獲取八成得票率，觸發選舉舞弊爭議和街頭示威。防暴警察用嚴厲武力鎮壓，半個月就拘捕約七千人，西方社會廣泛譴責。

1.「佛系抗疫」潛藏政治危機

盧卡申科抗疫不力，民怨積重，是爆發反政府示威的重要原因。白羅斯人口只有950萬，但至2020年8月已錄得約七萬宗確診個案，是人均確診率最高的東歐國家之一（UNFPA, 2020）——鄰國烏克蘭有逾九萬宗確診，但那裡人口達4,200萬；波蘭人口3,800萬，累計確診約5.5萬宗。白羅斯疫情嚴峻，主張「佛系抗疫」的盧卡申科難辭其咎。他不關閉邊境、不要求民眾佩戴口罩，甚至在「勝利日」如常

舉行閱兵。當地3月底進行的一個調查發現，七成受訪者認為有必要實施「禁足令」，逾半支持學校停課和僱員在家工作，但只有8%贊同「佛系抗疫」（Satio, 2020a）。4月底世界衛生組織指出白羅斯已經出現社區傳播，應該實施社交距離措施，但盧卡申科不予理睬。政府不作為，老百姓只好自行減少外出和自發戴口罩。

盧卡申科雖然拒絕限制國內商業活動，但疫情終究難免衝擊經濟民生。過去他提倡以犧牲個人自由換取社會穩定，聲稱這是「社會契約」，但許下的經濟繁榮承諾，難對國民兌現了。根據世界銀行於2020年5月公布的經濟報告預言白羅斯的本地生產總值該年全年下跌4%，中期經濟增長會持續疲弱（The World Bank, 2020）。其實早於疫情爆發前，其經濟增長已經放緩，此前十年間年均增長率僅1%（The World Bank, n.d.）。經濟上白羅斯極度依賴俄羅斯，但2018年俄國石油稅改導致前者損失龐大外匯收入。在白羅斯的工業結構中，國營企業占比五成半，但盧卡申科鮮有進行結構性改革，而反對派的主要政綱正是推動經濟自由化。疫情令老百姓生活苦不堪言，逾半國民收入減少，絕大多數人對經濟快速復甦態度悲觀（Satio, 2020b），這些社經因素也是示威的催化劑。

2.重演「廣場革命」可能嗎？

盧卡申科強調不會容許烏克蘭「獨立廣場革命」在白羅斯重演，他的信心不無道理。2014年的革命成功，要歸

功於變節的寡頭商人、國會、內閣、軍隊和警察，導致前總統亞努科維奇眾叛親離。然而白羅斯不存在寡頭商人勢力（Bohdan, 2012），盧卡申科早已操控全國經濟，要取代目前的商界菁英不難，他們若敢妄動甚或會自招牢獄之災。白羅斯採取「超級總統制」，國會只是橡皮圖章（Astapenia, 2014），更何況國會內其實沒有反對派可言（Makhovsky, 2019）。

　　白羅斯政府本來主要負責推展經濟，但盧卡申科眼下只關注政權存續，加強控制各部門。選舉前兩個月他重組內閣，以強力集團大將取代自由派擔任要職，保證幕僚的政治忠誠。新總理戈洛夫琴科（Roman Golovchenko, 1973-）是前安全理事會祕書長，也是現任總統辦公室主任謝爾曼（Viktor Sheiman, 1958-）的黨羽，絕對可靠；大選前被撤換的前總理魯馬斯（Sergei Rumas, 1969-）被視為改革派，曾與巴巴利科共事多年，兩人理念相近。盧卡申科對叛逆菁英絕情震懾，他們要不「被消失」，要不鋃鐺入獄，比較轟動的例子包括反對派領袖漢查（Viktar Hanchar, 1957-1999）於1999年失蹤被殺、前總統候選人桑尼科夫（Andrei Sannikov, 1954-）於2011年被囚禁五年。

　　盧卡申科依賴忠誠的防暴警察鎮壓示威，而他對權力機關的軟硬兼施甚有果效。白羅斯的強力部門由安全理事會、國防部、內政部、國安組織和檢察廳組成，多年來得到特別待遇，包括豐厚俸祿、免費醫療和家屬福利，政治忠誠就是如此養成。他的長子維克多（Viktor Lukashenko, 1975-）於

安全理事會擔任國家安全顧問，專責監督強力部門運作，並協調對反對派和公民社會的鎮壓。再者，盧卡申科疑心深重，不時撤換強力部門領導，以避免將不忠下屬留在身邊。選前兩年內，安全理事會祕書長、國防部長和內政部長都曾經被重新任命。

白羅斯的公民社會虛弱，過去反對派動員能力不振，難以撼動盧卡申科政權。根據全球公民參與聯盟（CIVICUS）的「公民社會指數」（Civil Society Index），白羅斯的公民社會處於「壓抑」級別，在東歐國家中排名最低。盧卡申科長年打壓，透過嚴厲法規限制公民團體運作，也收窄它們籌集資金的渠道。與此同時，民間也面臨身分認同危機，例如白羅斯語是否母語的爭議（贊成者不足一半），同樣窒礙公民社會發展。

3.「邪惡」的地緣政治學

白羅斯抗爭者難以寄望軍隊變節，外國勢力向盧卡申科成功施壓也屬奢想。位處俄羅斯和歐洲之間，盧卡申科深明白羅斯的地緣政治價值，而他的外交手腕素來「東成西就」——俄羅斯不願失去另一個烏克蘭，而盧卡申科的獨裁統治最能避免白羅斯倒向西方陣營；西方國家一直試圖將白羅斯從俄羅斯拉攏過來，過度制裁盧卡申科或會損害雙方近年的外交進展，猶豫於以民主理念犧牲戰略利益。選舉後北京率先向盧卡申科致賀，對民眾示威卻反應低調，皆因明斯克是「絲綢之路經濟帶」的重要樞紐，而北京正是看中盧卡申科

鐵腕統治帶來的政治穩定。

　　盧卡申科深信俄羅斯在必要時會對他提供協助。不過，《集體安全條約》（Collective Security Treaty）保護的是被受外敵入侵的成員國，只要北約保持克制，俄國和歐盟還是有談判空間的。普丁當然樂見明斯克亂局，盧卡申科愈是內外交困，愈是對他俯首貼耳，甚至對「俄白聯盟」作出重大妥協。軍事介入始終是次選，莫斯科汲取「廣場革命」的教訓，貿然出兵易招當地民眾反俄情緒。白羅斯人普遍對俄羅斯態度正面，亦關顧莫斯科的感受，示威中避免高舉反俄旗幟，希望在莫斯科默許下推翻盧卡申科，重演亞美尼亞的「天鵝絨革命」。根據白羅斯分析工作坊的民調，儘管只有四成受訪者支持與俄羅斯結盟（Lion, 2020），但一半人傾向與俄羅斯尋求妥協（Kazakevich, 2020）。再者，白羅斯長期缺乏其他足以壓陣的政治人物，「繼任」人選也令歐盟與俄國頭痛。

　　觀乎國內國外的政治形勢，可見未來白羅斯民間抗爭運動的前景難言樂觀，盧卡申科始終能夠穩坐明堂。不過，歷史發展往往充滿各種偶然，也不能小覷信念的力量。「不是因為看見希望而堅持，而是因為堅持才看見希望」，未必無理。

白羅斯身分認同政治曇花一現？

　　依往績而論，白羅斯經濟發展穩定有成，人民教育水平高，都是民主發展的重要條件。但獨立建國迄今近30年

以來，經歷民主倒退，專制統治彷彿牢不可破，究竟死結何在？2020年8月反對盧卡申科連任的民眾抗爭運動引動國際輿論廣泛關注，分析主要從政治制度和經濟結構入手，本篇則著眼於政治文化學：白羅斯長年處於「準國家」狀態，只有在1918年短暫獨立建國，其餘時間都被受沙俄帝國和蘇聯宰制；蘇聯解體之後白羅斯人重新探索國家認同，經歷過西方化、蘇聯化和白羅斯化三個階段。要解釋2020年的抗爭運動為什麼無奈悲觀，不妨先看清30年來白羅斯深陷怎麼樣的「身世」迷陣。

1.回歸歐洲難產

今天的白羅斯在1991年宣布獨立成國，旋即展開民族建構工程，建立屬於白羅斯人的民族共同體。政府嘗試重振民族文化和語言，包括恢復使用1918年獨立時期的「白紅白旗」為國旗（象徵民族復興和民主改革），以「柏康利亞」徽號（Pahonia）為國徽（承繼立陶宛大公國），又將白羅斯語定為唯一官方語言，以擺脫蘇聯的陰影。

可惜，民族復興志業遭受政治鬥爭窒礙，屬於自由派、主張獨立外交的最高蘇維埃主席舒什克維奇（Stanislau Shushkevich, 1934-2022）與屬於親俄保守派的前總理克比奇（Viacheslav Kebich, 1936-2020）針鋒相對。經濟上受到俄國「休克療法」拖累，衰退和蕭條暴現，但政府仍然勉強推行私有化改革，導致國營企業陸續停擺；國企倒閉令眾多老百姓失業，生活水平下跌，社會動盪隨之。民粹主義者盧卡

申科乘此窘境高呼要打擊貪汙、提供免費公共服務、跟俄羅斯重建關係等等，「爆冷」成為白羅斯首屆總統。

2.「斯拉夫兄弟」重振雄風？

盧卡申科逆轉原來的民族復興方向，將國家認同重新「蘇聯化」。他認為白羅斯存活於俄羅斯文明之內，擁有共同的文化、語言和宗教傳統，其成長也是建基於蘇聯建設。1995年白羅斯在熱烈爭議聲中通過公投，換上富有蘇聯色彩的國旗和國徽，重新將俄語定為官方語言，並支持跟俄羅斯融合。

雖然西方社會批評盧卡申科「開倒車」，但不少白羅斯老百姓卻視之為回復正常、撥亂反正。蘇聯時期的白羅斯實現了經濟現代化，工業和農業增長在加盟共和國當中名列前茅，成為「計畫經濟」下少數的成功案例。老百姓因而懷緬蘇聯時代的美好時光，不太熱衷於市場化改革，反而歡迎盧卡申科重新國有化的主張。有白羅斯人以白羅斯語為母語，但主流社會習慣用俄語或「俄白語」（Trasianka）溝通（包括盧卡申科本人）；白羅斯語被視為「農民語言」，是社會地位和教育程度較低的象徵（後來也逐漸成為反對派的符號）。盧卡申科支持「俄白聯盟」，跟俄國修復關係，這也跟國民普遍的親俄情緒吻合。透過從俄羅斯進口廉價石油之後再轉口至歐洲市場，白羅斯重拾經濟增長，極速恢復蘇聯時期的水平。

3.「白羅斯化」：公民覺醒無心插柳還是曇花一現？

　　21世紀初，一方面被受西方顏色革命「威脅」，另一方面要應付跟俄國的能源爭議和普丁的大國復興雄心，兩面受敵的盧卡申科對國民灌輸新的國家意識形態，提倡民族獨特性、團結性和獨立主權，藉以延續其威權統治。他聲稱白羅斯族是最純正的斯拉夫民族，獨一無二，是復古版的俄羅斯。管治上主張集體主義，合理化國有經濟模式，對市場經濟和個人民主自由予以否定。雖然白羅斯經濟倚賴俄國能源，但盧卡申科強調國家主權更重要，為兩國關係定下紅線，跟莫斯科斡旋時也可使出這張「民意牌」。而理念上，這時期他提倡的意識形態以價值觀為基礎，鮮有涉獵白羅斯的民族文化和語言，屬於具有兼容性的公民民族主義。

　　2014年的克里米亞危機令形勢進一步轉變，普丁提出「俄羅斯世界」（Russian world）概念，意謂俄國有義務保護俄裔及俄語人士，合理化吞併克里米亞。自此盧卡申科再一次塑造白羅斯的國家認同，以避免重蹈烏克蘭覆轍。他力行「去俄羅斯化」，推崇白羅斯民族文化和語言，推動族裔民族主義，呼籲民眾紀念立陶宛大公國的歷史；親政府人士投其所好，提議將「白紅白旗」和「柏康利亞」徽號合法化。

　　近年政府逐漸放寬對公民團體活動的規限，讓它們協助推廣白羅斯歷史、文化和語言。這對年輕人的成效尤為顯著，而「忽然」強調白俄羅斯語重要性的盧卡申科也儼然與

反對派站在同一陣線（Lukashenko, 2014）。推動「白羅斯化」讓老百姓重新關注本土文化和語言，原意是抗衡俄國覬覦，但是否也孕育了民眾的公民意識，無心插柳柳成蔭，促成了2020年的反專制示威呢？

關於白羅斯應該回歸歐洲還是「斯拉夫兄弟」（Slavic brotherhood），以往文化菁英在兩個民族神話之間爭辯，其實鮮有容納普羅大眾參與。2020年的抗爭運動到底帶來了多少公民覺醒？民眾應該怎樣把握歷史契機，奪回國家認同的話語權，重新決定自己民族的命運？抑或它不是成蔭之柳，而其實不過是一現曇花？

民族主義挾持亞塞拜然與亞美尼亞之戰

2020年白羅斯反政府示威持續之際，前蘇聯地區再有國家兵戎相見，9月底亞美尼亞與亞塞拜然於存在主權爭議已久的納戈爾諾─卡拉巴赫（Nagorno-Karabakh，簡稱納卡）交火，短短一週已造成過百人死亡，戰爭持續一個多月。

納卡衝突是歷史問題的延續。納卡自治州在1923年成立，劃歸為亞塞拜然領土；然而當時納卡境內的亞美尼亞裔人口占九成以上（Ministry of Foreign Affairs of the Republic of Armenia, n.d.），由此埋下民族政治衝突的種子。1988年納卡人民要求脫離亞塞拜然獨立、併入亞美尼亞，觸發全面衝突及戰爭。1991年納卡地區通過獨立公投，但「納卡共和國」不獲國際社會普遍承認。在歐安組織明斯克小組

（OSCE Minsk group）斡旋下，納卡戰爭雙方於1994年後達成停火協議；戰後亞塞拜然喪失了13.6%領土（De Waal, 2005），包括納卡及其周邊七個地區的控制權。

多年來納卡地區仍然時有發生局部衝突，較為激烈的包括2016年的「四日戰爭」，最終在俄羅斯介入下停火。2020年7月納卡局勢已經有明顯升溫跡象，可惜全球各國都忙於應付疫情，忽略了南高加索地區的亂局。

1.民族主義漲潮下的鷹派與鴿派

近年亞美尼亞與亞塞拜然的政治發展，或可闡釋「第二次納卡戰爭」的緣由。2018年亞美尼亞「天鵝絨革命」似乎令人鼓舞，因而上場的總理帕辛揚（Nikol Pashinyan, 1975-；編按：港譯帕什尼揚）是新一代政治人物，曾經被認為是納卡和平的曙光，但這良好願望經不起現實考驗。亞美尼亞的前領袖素來與納卡關係密切，例如科恰良（Robert Kocharyan, 1954-）曾擔任納卡總統、薩奇席恩（Serzh Sarkisian, 1954-；編按：港譯薩爾格相）曾代表亞美尼亞簽署1994年停火協議，而兩人都出生於納卡首府斯捷潘奈克特（Stepanakert）。相對而言，反對派出身的帕辛揚跟納卡沒有聯繫，予人期待他能釋出較大讓步空間。弔詭地，他掌權後首訪選擇納卡，卻是進一步鞏固原來的立場，甚至提出讓納卡代表直接參與談判。

儘管納卡局勢一度緩和，雙方建立直線電話，減少邊境衝突，又舉行包括兩國總統2019年四次對話的多次會談。然

而兩國領袖始終不願作出任何實質妥協，以免招致觸怒國民情緒。2019年初巴庫（編按：亞塞拜然首都）提出「土地換和平」方案——將部分納卡領土先轉交予亞塞拜然以換取和平協議，卻被帕辛揚斷然拒絕；到8月帕辛揚更肆無忌憚地發表民族主義言論，宣稱納卡屬於亞美尼亞，刺激亞塞拜然的鷹派重新崛起。令人詫異的是，以為廣納政治認受性的帕辛揚沒有提出嶄新方法去為亞美尼亞尋求地緣政治突破，始終被國內高漲的民族主義情緒「脅持」，不敢在爭議上退讓半步。

亞塞拜然的情況相若，2020年7月雙方磨擦日甚，擔任外長多年的馬梅季亞羅夫（Elmar Mammadyarov, 1960-）被辭退，以回應示威頻頻的憤怒群眾。馬梅季亞羅夫主張與亞美尼亞進行外交談判，曾跟葉里凡（編按：亞美尼亞首都）商討安排世界衛生組織人員前往納卡地區協助應對疫情。他的下台反映巴庫已經摒棄「鴿派」路線，短期內兵燹之災在納卡勢難逆轉。

2.納卡衝突中列強的各自盤算

前蘇聯地區充斥著「凍結衝突」，包括克里米亞、南奧塞梯、阿布哈茲等等，潛行的都是美國與俄羅斯的地緣政治博弈，甚或是「代理人戰爭」。但有別於上述例子，在納卡議題上俄羅斯與西方列強難得站在同一陣線，希望雙方停戰。莫斯科自知獨力難以調停納卡衝突，1992年成立的歐安組織明斯克小組就由俄國、美國、法國共同擔任主席，一

直是和談的主要框架。即使在喬治亞戰爭爆發後翌年，俄羅斯仍然能跟美國和法國共同提倡「馬德里原則」（Madrid Principles）（Minsk Group, 2009），為處理納卡衝突提出新方案，例如賦予納卡臨時地位等。

不過上述外交努力成效不張，主因是納卡地區缺乏維和部隊，欠缺第三方力量為兩國讓步提供安全保障。1990年代初莫斯科曾提議派遣維和部隊駐紮納卡地區，但遭到亞美尼亞和亞塞拜然拒絕，皆因兩國都不信任俄羅斯。現在儘管俄羅斯和亞美尼亞都是「集體安全條約組織」成員國，但莫斯科對納卡衝突保持中立。另一方面，俄羅斯同時向亞美尼亞和亞塞拜然出售武器，成為衝突雙方的主要軍火供應商。向亞塞拜然售武，既可保持對巴庫的影響力，亦能間接影響納卡局勢。雖然此舉招致葉里凡不滿，但外交孤立的亞美尼亞難以旦夕擺脫對俄羅斯的依賴。說到底，俄羅斯寧見納卡衝突維持現狀，「沒有和平、沒有戰爭」──莫斯科固然不願見雙方全面開戰，迫使自己要選邊入局，又可能讓北約在南高加索有機可乘；而兩國關係拉鋸，俄羅斯的地緣政治霸主之位自然水漲船高。

納卡並不是集安組織成員，俄羅斯無義務伸出援手。正當俄羅斯與西方國家一致促請各方停火之際，土耳其卻公然承諾向亞塞拜然提供道義性軍事支持，豈不是對衝突火上加油？土耳其是亞塞拜然傳統盟友，向來支持巴庫收復納卡，但主張使用和平手段息爭；這次破例對亞塞拜然擺出軍事承諾的姿態，或有兩大動機：埃爾多安（Recep Tayyip

Erdoğan, 1954-）這位民族保守主義者既試圖改變南高加索權力平衡，搶占勢力範圍，也希望滿足國內民族主義者和現政權支持者的訴求。在敘利亞危機和利比亞內戰之後，納卡衝突或將再次彰顯俄羅斯與土耳其的利益衝突；不過基於地緣政治考慮，土俄關係近年回暖，相信不至於因此而短兵相接。安卡拉何不善用角色促進當地和平——幹旋有功不也是地區強國的績效嗎？

以亞塞拜然與亞美尼亞的軍事實力比較，巴庫不太可能收復所有失去的領土，此戰結果一如預期是由前者占領部分地區然後宣布取得勝利，當然也免不了俄羅斯的「居中調停」和兩千俄國維和部隊進駐。亞塞拜然「光榮退場」，既能滿足國內民族主義者情緒，亦將增加談判籌碼。亞美尼亞軍民確實不能容忍軍事失利，帕辛揚遭逼宮下台（在後來的選舉獲勝復出）。南高加索的地緣政治由什麼力量左右大局，可見一斑。

吉爾吉斯有些命運，誰上台也改變不了？ *

被譽為中亞「民主政體」的吉爾吉斯，2020年10月舉行五年一度的國會大選，16個政黨競逐120個國會議席，最後只有四個政黨晉身國會，當中幾乎全部親現屆政府，包括親

---

* 作者按：這部分和下一部分（關於吉爾吉斯和哈薩克）由香港國際問題研究所中亞事務研究員孫超群先生撰寫。感謝孫先生的慷慨，令本章的視野得以更為完整。

現任總統熱恩別科夫（Sooronbay Jeenbekov, 1958-）的團結黨（Birimdik）、南部「馬川莫夫」家族（Matraimovs）支持的我的祖國黨（Mekenim Kyrgyzstan）、上屆跟最大黨社會民主黨（SDPK）組成執政聯盟的吉爾吉斯黨（Kyrgyzstan Party），以及右翼的統一吉爾吉斯黨（Butun Kyrgyzstan）。

　　然而，選舉結果引起大眾爭議。被排除在國會外的數十個政黨翌日發起示威，連同數千人在首都比什凱克上街抗議，批評勝出的政黨選舉舞弊，有買票賄選之嫌。示威者占領政府大樓「白宮」。

　　群眾壓力下，多名現屆高官辭職，反對派自行成立新政府。吉爾吉斯中央選舉委員會宣布，國會選舉結果無效，擇日重選。熱恩別科夫批評那是奪權行為，指責反對派不肯與當局展開對話解決危機。

　　誠然，這場選舉不能被單純理解為外國勢力干預的「顏色革命」，或是民主抗爭者對抗腐敗獨裁政權——俄羅斯與中國的回應比較中性，抱觀望態度，沒有明確支持熱恩別科夫「止暴制亂」；而示威陣營龍蛇混雜，除了憤怒的群眾，也有熱恩別科夫的政敵乘機混水摸魚。

　　要充分理解吉爾吉斯當前政治困境，必須先了解該國近年的政治版圖；而政府妥協宣布重選，其實不能根本地解決吉爾吉斯的「深層次矛盾」。

1.關於民主、貪腐與權貴家族的鬥爭

　　這次示威引人注目的原因之一，就是「社會民主黨人」

（Social Democrats，和SDPK屬兩個不同的政黨）領袖卡迪（Kadyr Atambayev）乘亂協助其父親逃獄——也就是因貪腐案入獄的前總統阿坦巴耶夫（Almazbek Atambayev, 1956-）。

2020年6月吉國法院宣判阿坦巴耶夫因牽涉2013年共謀非法釋放黑幫老大巴杜卡耶夫（Aziz Batukayev），被裁定貪腐罪，判入獄11年兩個月。在這次示威中，卡迪聲勢浩大，早在選舉結束開始點票不久就揚言不會認可大選結果，其後走上示威最前線，並與阿坦巴耶夫的支持者一起劫獄。親阿坦巴耶夫勢力顯然利用這次契機達到自身目標。

兩朝總統早就反目，路人皆知，阿坦巴耶夫淪為階下囚，只是輸掉權鬥的代價。昔日他們倆皆屬前執政黨SDPK，2017年總統大選，阿坦巴耶夫力捧熱恩別科夫，擊敗另一候選人兼反對黨「共和黨—故鄉黨」（Respublika-Ata Zhurt）主席巴巴諾夫（Omurbek Babanov, 1970-）。

可是，兩位盟友在政治上鴻溝日深，導火線是「一帶一路」首都發電廠翻新工程貪汙案。2013年中國進出口銀行向吉爾吉斯貸款3.86億美元，用於中國公司特變電工（TBEA）翻新吉爾吉斯首都發電廠的工程。但竣工不到一年（2018年1月）發電廠就發生故障，當局隨後展開調查，成為權鬥的開端。自此，阿坦巴耶夫的政治盟友逐一被清算，包括兩任前總理薩特巴爾季耶夫（Jantoro Satybaldiev, 1956-）和伊薩科夫（Sapar Isakov, 1977-）等等。2020年阿坦巴耶夫被判刑，正式宣告熱恩別科夫陣營在權鬥中得勝。所以此次劫獄行動，無疑是對熱恩別科夫的重大反撲。

「一帶一路」貪汙案只是熱恩別科夫打擊政敵的藉口，雙方存在兩個深層次矛盾：首先，阿坦巴耶夫雖已卸任，但政府內閣中依然有頗多跟他過從甚密的前朝黨羽，影響力儼如太上皇。他不時批評熱恩別科夫的管治，以彰顯權威，例如曾批評後者在「首都發電廠事故」上處理不當。熱恩別科夫有感受制於他，上任後默默耕耘，努力爭取政圈支持，冀在阿坦巴耶夫手上奪回主導權。

其次，吉國政治傳統勢力分布，受種族、家族地方派系等因素影響甚大，南北對立根深柢固。阿坦巴耶夫出身北部楚河州，首府也是首都比什凱克；熱恩別科夫出身於南部的奧什州。天山山脈將國家一分為二，南北文化、經濟、社會條件差異甚大，解釋了兩朝總統何以同黨異夢。除了他們，在吉國其他政治鬥爭中，南北對立色彩都十分鮮明。兩位總統的派系累積下來的「深層次矛盾」，未必能透過正途解決。

2.要令俄羅斯安枕

示威，然後新政府上台，真的能改變吉爾吉斯嗎？這中亞小國有些結構，其實不論誰上台也改變不了。政治文化方面，受制於長久以來的地理因素影響，南北地方勢力矛盾不斷，是政要考慮如何黨同伐異的因素之一。至於要建立清廉政府，仍然是「理想」而已──2010年「第二次革命」推翻惡名昭彰、貪腐成性的巴基耶夫（Kurmanbek Bakiyev, 1949-）政府，換來一個阿坦巴耶夫，但如上述，他本人及

其內閣不少成員因貪腐醜聞下獄，然後由支持者協助逃獄，之後再戰政壇，也夠諷刺了。

第二，外交上吉國會繼續因傳統軍事及文化因素親近俄羅斯，並因經濟（或債務）因素親近中國。無論多年來吉爾吉斯政權如何更替，俄羅斯在該國北部的第999空軍基地始終存在。而雖然有論者認為熱恩別科夫借「一帶一路」貪汙案打擊政敵，是跟中國割蓆之舉，但實際上恰恰相反，中吉關係繼續穩固。

這次示威，史家會否將2020年定義為繼2005年「鬱金香革命」和2010年「第二次革命」之後的另一場革命？或許會，但不可能是外國勢力干預吉爾吉斯內政。一雞死一雞鳴，國內種種潛藏「炸彈」，足以令國民準備第三、第四次「革命」。

變天半年後，吉爾吉斯在亂局中冒起的總統扎帕羅夫（Sadyr Japarov, 1968-）治下逐漸穩定。2021年4月全國八個城市和420個鄉村舉行了地方議會選舉，結果一如吉國獨立媒體Kloop的選前報導預料，不少親政府及親建制政客混入地區小政黨參選，皆贏得不錯成績（Kloop Editorial Board, 2021）。除了地區選舉，另一重點是同日舉行的第二次修憲公投：「你是否支持最新憲法草案？」上次1月舉行的修憲公投問題是「支持議會制或是總統制政體」。兩次公投都獲民眾高票支持，政體回歸總統制，扎帕羅夫從而得以進一步鞏固權力。

誠然，示威、革命、政權更替，加上扎帕羅夫的政治出

身，在外交上一度讓傳統盟友俄羅斯和友好經濟夥伴中國感到十分擔憂。扎帕羅夫最著名的政治事跡，就是早年帶領示威，支持將庫姆托爾金礦（Kumtor）國有化；他以右翼民族主義者自居，靠此形象累積不少政治資本；排外的政治立場，的確難以令外國持份者安枕。扎帕羅夫初登大位，俄羅斯與中國均持觀望態度，需時觀察他的外交作風。

然而，扎帕羅夫上台後，昔日的右翼愛國者形象不再，反而開始趨於務實，以國家利益為重，又不斷安撫盟友俄羅斯與中國的信心；加上他是經歷過選舉洗禮以及修憲集權，消除了盟友眼中吉國的不明朗因素。此外，扎帕羅夫更努力改善與鄰邦的關係，又拓展俄中以外的外交路線，盡顯小國多邊外交的生存藝術。但是，由於扎帕羅夫集權，又祖護被美國制裁的吉國黑幫毒梟，注定與美國關係冷淡。

2020年10月扎帕羅夫擔任代總統，普丁一度形容吉國示威令扎帕羅夫上台是「不幸」。那時普丁對新政權並無好感，兩國關係需時修補。作為新領導人，扎帕羅夫首要的外交任務就是要獲得俄方信任，向莫斯科證明自己是一位可靠的合作夥伴。除了基於吉俄傳統友誼——吉國設有俄國軍事基地、把俄語列為官方語言等等——它在基本生存條件上也頗依靠俄國。第一，吉國經濟依賴在俄外勞的外匯收入。根據俄羅斯聯邦統計局的數據，2019年有一成吉國人口在俄工作（CABAR, 2020），為母國帶來三成國民生產總值，比例屬全球首五位。2020年起疫情肆虐，或成為吉國失業率在歐亞盟國家中最高的原因之一（Makanbai, 2021）。扎帕羅夫

要改善經濟，就不得不期望在疫情緩和後跟俄羅斯協商外勞在俄復工。

第二，穩定的燃油進口。根據國際貿易數據網站The Observatory of Economic Complexity，2019年吉國約九成燃油出口至俄羅斯，並享受俄方的免燃油稅優惠。也因此，燃油進口成為俄羅斯影響吉國政局的「武器」，傳聞在2010年因為俄羅斯向吉國加徵燃油稅，而加速令巴基耶夫政府倒台。

第三，疫苗供應。雖然吉國主要依靠世衛「新冠肺炎疫苗實施計畫」（COVAX）獲取阿斯特捷利康（AstraZeneca；編按：港譯阿斯利康）疫苗，但仍需要俄羅斯研發的「衛星五號」疫苗（Sputnik-V），才能應付國內需求。吉國政府表明，會陸續購入該「衛星五號」予國民大規模接種。所以，跟俄羅斯改善關係實在必要。

上任以來，扎帕羅夫做了不少誠意動作安撫俄羅斯。他在2021年2月19日罕有地在政府報章 *Word of Kyrgyzstan* 發表一篇名為〈盟友聯繫〉的文章（Zhaparov, 2021），大力唱好與俄羅斯的關係。該文提到「幾個世紀以來，吉國和俄羅斯人民的歷史文化有不少相同之處。在19世紀，俄羅斯促進了吉國人民的統一，為民族的長遠發展奠定前景。」

此外，文章力挺俄語在吉國的地位，稱「俄語不僅僅是官方語言，更是在國內跨民族的交流語言。俄語受法律保護，其地位亦體現在憲法中。」最後，扎帕羅夫在與俄羅斯的關係上作出如此總結：「與俄羅斯達成更高層次的聯盟

及戰略夥伴關係，符合吉國的利益。我們堅信，除了與俄加強合作之外別無他選，而這一方向在外交政策中占重要地位。」

不足一週之後，扎帕羅夫出訪俄羅斯，回應了外界關注他會否打破吉國新總統上任後首訪俄羅斯的慣例，以示他沒有偏離傳統親俄立場。在外訪中，普丁除了祝賀扎帕羅夫贏得總統選舉，也感恩他保存俄語在吉國的地位。普丁禮尚往來，除了保證為吉國未來外勞提供更多學習俄語的機會，亦向吉國提供800萬美元援助以建立打擊走私的系統。但整個訪問最重要的，就是扎帕羅夫成功得到普丁的基本信任，向他證明自己已經控制吉國局勢，是俄羅斯的合作夥伴正確之選。

哈薩克引俄軍維穩的代價

2022年伊始，鮮有成為國際焦點的中亞國家哈薩克爆發了「黑天鵝事件」，迅速引起全球關注——由民眾抗議液化石油氣價格飆升，演變為總統引外國軍隊入關鎮壓「恐怖分子」及奪權的戲碼。

哈國積壓多時的民怨，這次無預警地一觸即發。然而，與此同樣讓人震驚的，是托卡耶夫總統（Kassym-Jomart Tokayev, 1953- ）藉這次示威，將垂簾聽政的首任總統納扎爾巴耶夫家族一網打盡，變相奪權。讓人疑惑的是，為何托卡耶夫在這場局部性失控的示威爆發僅僅幾天，就向俄羅

斯主導的集體安全條約組織借兵平亂？而後者更一改過往保守作風，果斷通過緊急決議，派兵到哈薩克鎮壓「恐怖分子」？

如此戲劇性的變化難免令人產生陰謀論的想法——托卡耶夫借普丁之力踢走「太上皇」，不惜一切保住政權。誠然，姑勿論托卡耶夫背後動機為何，對哈薩克整體國家利益來說，以上賭博的代價實在很大，前朝累積的國際關係遺產付諸東流，對日後發展留下禍根，給予俄羅斯擴大中亞影響力的契機。

1.「黑暗兵法」釜底抽薪？

哈薩克示威始於西部油氣產業重鎮曼吉斯套州扎瑙津（Zhanaozen）和阿克陶（Aktau；編按：港譯阿克套）等城市，其後燃燒至南部最大城市阿拉木圖（Almaty）和奇姆肯特（Shymkent；編按：港譯希姆肯特）等地，然而國家北部及首都努爾蘇丹（Nur-Sultan）等主要權力核心地帶並未被波及。

哈薩克的示威規模與白俄羅斯相比，仍有一段距離，這不禁讓人思考，究竟是政府安全部隊太弱，抑或是示威者如斯強勢，迫不得已對外借兵？的確，地區軍警似乎缺乏戰意，例如阿克陶軍警就和示威者打成一片（Bizon KGZ, 2022），而阿拉木圖亦有政府建築物甚至是機場曾被占領。但以這種示威規模來說，不少分析質疑，若當局有心鎮壓的話，未必需要走到向外力借兵這一步。

另一合理想法，是這場示威隱含了托卡耶夫與納扎爾巴耶夫家族之間的權鬥，甚至混雜了幫派鬥爭。

　　為了軟硬兼施平息示威，總統除了頒布為期兩星期的局部性緊急狀態，更先後撤換及清算納扎爾巴耶夫家族及其親信勢力，解散總理馬明（Askar Mamin, 1965-）內閣，接替納扎爾巴耶夫擔任國家安全會議主席一職（但根據國家法律，納扎爾巴耶夫應該終身擔任此職），以及解除國家安全委員會（KNB，國安會）主席馬西莫夫（Karim Massimov, 1965-）的職務，其後更以「叛國罪」將他拘捕。

　　雖然政府較早前拘捕遭解除職務的國安會第一副主席、納扎爾巴耶夫侄兒艾比希（Samat Abish, 1978-；編按：港譯阿比什），但其後卻撤回消息，依時間線來看，估計納扎爾巴耶夫家族以馬西莫夫作為「交換人質」，而納扎爾巴耶夫本人更多次被傳下落未明。

　　流亡奧地利的哈薩克國安會前主席穆塞耶夫（Alnur Mussayev, 1954-）接受俄媒訪問時指出，親納扎爾巴耶夫的國安會一直不是保障國家安全（Dzyadko, 2022），而是保障其家族的安全，其親信掌管的國安會亦經常與犯罪組織接觸，甚至在南部地區擁有一支「私人軍隊」（Kislov, 2022）。現任總統托卡耶夫本身是職業外交官出身，納扎爾巴耶夫當年或許就是看準了他易於控制、沒有強大派系支持，才讓他擔任總統。《金融時報》相關報導也有描述（Astrasheuskaya, 2022），托卡耶夫控制不了國安會，後者只會服從納扎爾巴耶夫幫派。

對托卡耶夫來說，這是嚴重威脅，於是借示威這場東風清理門戶。他革除納扎爾巴耶夫親信的舉動，觸怒了其家族，令整場示威混雜了由國安會及犯罪組織發起的武裝衝突。在示威爆發時，國安會收到不參與鎮壓阿拉木圖示威的命令，以抵制托卡耶夫。國安會亦動員犯罪組織暗中搞局，號召流氓在南部傳統政權根據地的阿拉木圖和奇姆肯特生事，這也解釋了這些城市的戰況異常激烈，發生不少搶劫，「示威者」也有精良裝備。

若以上的事態脈絡是真相，托卡耶夫借兵似乎是迫不得已，這可從借兵的時機觀察。在解除納扎爾巴耶夫國家安全會議主席職務當日，他就主動向普丁領導的集安組織發出借兵之請，更迅速地獲通過——為免夜長夢多，「止暴制亂」之餘，托卡耶夫巧妙地借外力鞏固自身管治國家的正當性。只要有外國軍隊以維穩理由進駐哈薩克，他就不用擔心有任何潛在「反宮廷政變」威脅自己。更重要的是集安組織祕書長扎西（Stanislav Zas, 1964-；編按：港譯扎斯）聲稱維和部隊在哈薩克的停留時間，將取決於局勢和該國領導人的決定，這讓托卡耶夫方面掌握局勢，盤算調整。

2.俄羅斯為何覬覦哈薩克？

這次哈薩克中門大開，向普丁投懷送抱，對俄羅斯而言是一個千載難逢的機會。

克里姆林宮宣布是應托卡耶夫的求助，鑑於外部干涉等因素對哈薩克的國安和主權構成威脅，集安組織向其派遣維

和部隊，打擊「接受外國嚴格訓練的恐怖分子」。雖然維和部隊的組成包括所有成員國軍隊，例如俄羅斯、白俄羅斯、亞美尼亞、吉爾吉斯、塔吉克，但俄羅斯派遣多達3,000名士兵，比其他成員國的總和多出兩倍，根本行動就是由俄軍主導。

2021年當大家的目光注視在白羅斯或是烏克蘭頓巴斯地區的衝突時，甚少想到俄羅斯首先出兵的地方會是中亞；大家更可能沒想到的，是集安組織在成立30年以來首次動用第四條條款出兵助成員國「止暴制亂」。2010年吉爾吉斯爆發示威及種族衝突，2020年亞美尼亞與亞塞拜然的納卡戰爭，成員國均向集安組織提出援助請求，但都沒有獲得像哈薩克這次的「優待」，可見它在莫斯科心目中的重要位置。蘇聯解體後不少前蘇聯加盟國難以擺脫俄國的政經影響力，哈薩克雖然與俄羅斯關係密切，惟國力相對其他國家強盛，外交上相對自主獨立。這次托卡耶夫卻藉示威奪權，主動引俄兵入關，讓後者出師有名有機可乘，迫使這一強大的前加盟國臣服。

其實，哈薩克爆發示威，即使沒被「邀請」，也有不少理由讓俄羅斯出兵。2014年克里米亞危機爆發時，克里姆林宮曾揚言會保護俄裔及俄語人口地區，言論引起納扎爾巴耶夫警惕，因為哈薩克北部一些省份擁有超過四成俄裔人口；普丁當然也擔心這次示威之火會燃燒到俄羅斯境內。此外，俄羅斯租用哈薩克土地作戰略用途，如普里奧焦爾斯克（Priozersk）反彈道飛彈靶場及拜科努爾（Baikonur）太空

發射站。俄哈的經貿往來也絕不比中國少，所以前者在後者擁有龐大的利益。

　　善用歐亞衝突作外交投機，一向是莫斯科的外交策略。要了解其背後的戰略思維，必先要了解影響其外交政策的「新歐亞主義」意識形態——俄羅斯作為歐亞主義者領袖，背起團結歐亞國家的「責任」，建立多極體系（Multipolar system）的國際秩序，抗衡以西方為首的大西洋主義者。

　　跟各區域大國保持良好關係（如沙烏地阿拉伯、以色列、土耳其）、介入戰爭作調停角色（如敘利亞戰爭）、捍衛周邊地區不受外力入侵（如阻攔烏克蘭加入北約），以及恢復蘇聯昔日的勢力範圍，具體例子比比皆是。今次出兵哈薩克，顯然是最後者，而集安組織則是主要機制之一。

3.引狼入室，前功盡棄，後患無窮？

　　基於哈薩克境內有不少俄裔人口，加上在蘇聯時期俄人以外來者實行管治的歷史，納扎爾巴耶夫一直很小心處理國內民族問題，同時又著手全方位推動哈薩克民族主義及身分認同。即使他專政接近30年，人權紀錄惡劣，但在塑造國族主義上功不可沒。最大政績工程之一就是推動哈薩克文由西里爾字母轉換拉丁字母，循序漸進在2023至2031年期間完成。

　　另一方面，令他最引以為傲的政策應該是立國而來一直奉行「多邊外交」（Multi-Vector Diplomacy）。2020年通過的《2020-2030年哈薩克外交政策概念》（*On the Concept of the Foreign Policy of the Republic of Kazakhstan for 2020-2030*）法令中（Tokayev, 2020），定立「多邊、務實、主動」的外交政策是六大外交原則之一。哈薩克與俄羅斯、中國、美國及歐盟建立平衡的良好關係，積極參與大國推動的區域組織，推行開放的經濟政策，透過引入多元化外資達到多邊外交的目標。

面對俄羅斯，哈薩克在經貿合作的基礎上向中國靠攏，積極參與「一帶一路」倡議，致力抗衡莫斯科在中亞區域的影響力，形成勢力均衡、互相制衡的權力結構。同時，縱使哈薩克加入不少俄羅斯主導的區域組織，例如歐亞盟、集安組織和獨立國家國協等等，但當遇到有爭議的國際事件時，它不會與俄羅斯步伐一致，而是盡量保持距離。哈薩克十分抗拒俄羅斯利用歐亞盟推動政治統一，例如前者在2021年6月曾經表態反對把經濟性質的歐亞盟政治化，不會與俄一起反制西方國家制裁。這些行為體現出哈薩克的外交自主，絕非俄羅斯附庸。

然而，經過這次托卡耶夫為了推翻「太上皇」而引狼入室，俄羅斯干預哈薩克政治就有了良好機會，此舉勢必破壞前朝多年以來建立的國內民族平衡，更打破區域大國互相制衡的權力結構，加劇哈薩克民族撕裂，摧毀多邊外交。

35年前哈薩克民眾就是因為反俄而導致1986年的「阿拉木圖事件」悲劇——當時蘇聯中央辭退了哈裔的第一書記，改為空降俄裔書記取代，導致民眾憤怒示威、政府出手鎮壓而致死傷無數——如今托卡耶夫毫無底線地親近俄羅斯，怎

會不播下民族撕裂的種子？即使成功鎮壓今次動亂，讓一切返回正軌，但行徑幾近喪權辱國，必然影響托卡耶夫日後的管治認受性。

更有甚者，誠如巴納德學院政治學教授、中亞權威Alexander Cooley所言，即使現階段俄羅斯不太可能要求托卡耶夫立即處處讓步，但無疑已在哈薩克獲得強大的政治影響力，讓此前避免向美俄任何一方傾斜的努力付諸東流，隨時失去外交自主（Higgins, 2022）。世上沒有免費午餐，受益於俄羅斯之力穩定政權，普丁必定期望獲得好處。俄羅斯國內右翼已開始虛張聲勢，哈薩克在兩國關係中處於下風，將來在爭議議題的談判上會否更親俄，值得注意，例如歐亞盟一體化、確認克里米亞地位、叫停廢除使用西里爾字母，等等。

普丁出兵哈薩克一著，無懈可擊，可謂最大贏家。托卡耶夫直接求助於俄羅斯主導的集安組織，而不是中國主導的上合組織——其實後者標榜自己致力協助成員國打擊「三股勢力」，而托卡耶夫定性「示威者」（或犯罪集團）為「恐怖分子」，介入本來恰如其分，但它卻在此時保持沉默，或多或少奠定俄羅斯才是真正的區域領導人的事實，中國的角色反而十分被動。積極而言，中國不用付出什麼就獲得莫斯科在中亞的安全保證，中俄在中亞軍事及安全兩大範疇完美分工；但消極來說，中亞是中國的戰略能源供應重地，擁有連接兩地的石油及天然條管道，俄羅斯在中亞的政治影響力宏大，長遠或損害中國的議價能力。

此外，歐美世界對俄羅斯出兵哈薩克一事的反應羸弱，外交言詞中比較強調各方保持克制，以非暴力方法解決衝突等流於公文式的回應（Gotev, 2022）。當然，不排除歐美情報機關認為這場示威的性質極具爭議，所以採取觀望態度。而哈薩克地理位置相對遙遠，歐美國家未必會像面對烏克蘭或白羅斯事態那麼重視今次俄國興兵之舉，姑且容忍一時。至於對歐美企業長年投資哈薩克油氣產業而言（著名的有荷蘭殼牌及美國雪佛龍），示威對它們本就弊多於利，利益作崇，它們支持哈薩克政府撥亂反正才不意外。諷刺的是，哈薩克示威者也有抗議油氣企業剝削工人、腐敗嚴重，在哈薩克民眾眼中，歐美油企都是幫兇。

　　對普丁來說，托卡耶夫「應記一功」；但對哈薩克愛國者來說，這位總統或會成為千古罪人。也許他自覺走投無路，但無疑已打開了潘朵拉的盒子──破壞民族團結和多邊外交，後患無窮。

第五章
重構世界秩序？

2022年俄烏戰爭爆發以前的幾年，俄羅斯使勁重構世界秩序的勢頭，路人皆見。俄羅斯看起來是手持弱牌的玩家，但卻彷彿能巧妙地運用有限的籌碼在不同的地緣政治博弈中出奇制勝。莫斯科如何研判自身在未來世界秩序的角色，其實為它出兵烏克蘭提供了重要的國際關係脈絡。本章宏觀考察俄、美、中三強博弈，以及左右世界發展的能源規劃，為前路先作探故尋源。

「後疫情」美俄中三角博弈：世界新秩序將臨？

2020年俄羅斯與美國同病相憐，飽受新冠疫情衝擊。有論者謂這一度為兩國帶來合作契機，猶如昔日共同對抗納粹德國和恐怖主義。這年春天俄國向美國捐贈醫療物資、促成石油減產協議、兩國發表聯合聲明紀念二戰期間的易北河會師75週年，等等。正當俄美關係彷似有所緩和之際，它跟中國的關係卻因疫情產生磨擦：俄國早於2020年2月率先對中國封關、莫斯科街頭出現歧視華人情況、俄方官員私下埋怨中方隱瞞疫情等等，是顯示兩國之間缺乏深層互信嗎

（Wong, 2020a）？

疫情以來，美中緊張局勢再度升溫，前者視後者為最大勁敵的心態加重，新冷戰彷彿如箭在弦。回想冷戰時代時任國務卿季辛吉（Henry Kissinger, 1923-；編按：港譯基辛格）推動美中關係正常化，藉中國抗衡蘇聯；近年不少戰略家提出美俄關係正常化，以俄國抗衡中國。俄國應該在新冷戰中扮演什麼角色？疫情結束後世界新秩序會有什麼契機嗎？

1.為什麼美俄「重置」屢試屢敗？

蘇聯解體以還，俄羅斯與美國多次尋求重建關係，但一直苦無成果。1990年代俄國首任總統葉爾欽主張全盤西化，獲得美國總統柯林頓政府的支持及經濟援助。不過，美國無視俄國反對，帶領北約向東歐擴張，又軍事干預科索沃，使美俄關係急速惡化。911恐怖襲擊發生之後，普丁向喬治·布希（George W. Bush, 1946-；編按：港譯布殊）伸出橄欖枝，支持美方對阿富汗的反恐戰爭，與此同時美國卻單方面退出《反彈道導彈條約》（*Anti-Ballistic Missile Treaty*，簡稱ABM）和發動伊拉克戰爭。再者，美國在前蘇聯區域推廣民主，釀成多場「顏色革命」，令雙方再度不歡而散。美國歐巴馬總統（Barack Obama, 1961-；編按：港譯奧巴馬）曾經高調提出「重置」美俄關係，與提倡現代化的梅德韋傑夫政府合作。在前者的首屆任期，美國放棄在東歐部署反導系統，與俄國簽署《新削減戰略武器條約》（*Strategic Arms*

Reduction Treaty，簡稱New START），但兩國最終因利比亞危機而鬧翻。隨著普丁重回總統寶座，美俄地緣政治衝突越趨頻繁，在克里米亞危機和敘利亞內戰中表露無遺。

美俄「重置」經歷多番失敗，正揭示兩國矛盾根深柢固，難以逆轉。俄國與美國對後冷戰世界秩序有不同理解：儘管美國成為僅存的超級大國，但俄國自視為西方的對等合作夥伴，是戈巴契夫主動結束冷戰，而不是在當中淪為輸家（Wong, 2020b）。俄羅斯自詡為世界大國、前蘇聯區域的霸主，極力反對美國的單邊主義及將影響力拓展至俄國的勢力範圍。然而，華盛頓對莫斯科的聲音不以為然，漠視其不安全感，甚至認為「勢力範圍」的思想過時，應被全球化取代。

及後，隨著白宮不再視俄國為頭號勁敵，美方戰略家開始提議美國摒棄「民主推廣」和北約東擴，默許俄國走其獨特的發展道路，並在前蘇聯區域保持主導地位。儘管川普渴望與普丁改善關係，但受制於國內政局發展，其對俄政策的想法難以突破現實。「通俄門」醜聞、經濟制裁、互逐外交官事件等等，使俄美關係陷入歷史新低點。美國國會對俄立場強硬，遏止川普向俄國獻媚。克里姆林宮深明美國制裁難以解除，因為這需要獲得國會批准，即使俄方曾向川普示好，也只是為了延長《新削減戰略武器條約》，因為延長條約只需白宮同意。普丁希望延長《新削減戰略武器條約》，避免不必要的軍備競賽重現，而其實這也符合美方利益。不過，川普政府堅持核軍備控制必須包括中國在內，避免北京

漁人得利，期望俄方能遊說中國參與其中，這卻是一廂情願了吧？

2.疫後俄中會愈走愈近嗎？

儘管疫情下俄中兩國民間磨擦情緒火熱，官方渠道還是積極淡化有關紛爭，確保雙方關係不走樣。北京外交部指歧視華人事件純粹造謠，而普丁和習近平也通電話互相支持抗疫工作。患難未必見真情，但俄國迫切需要中國的經濟和科技支援以推動疫後經濟復甦（Габуев и Умаров, 2020）；疫情展現俄中關係現實一面，但疫後兩國反而會愈走愈近嗎？

2020年石油價格戰（詳見本章最後一篇）和疫情重創俄國經濟，本地生產總值下跌。修憲公投、國家杜馬選舉接踵而來，經濟不振令普丁「永續執政」的部署風浪難免。相對歐美國家而言，中國經濟承受的衝擊較小，將成俄國經濟復甦的主要動力。作為俄國最大貿易夥伴，中國主要對俄進口能源和農產品，疫後對此的依賴只會有增無減。受惠於油價大挫，2020年首季俄中貿易額不跌反升，按年增長3.4%。

除了經濟依賴之外，俄國對中國科技產品的需求也進一步提升。歐美制裁使俄國難以獲得西方技術，逼使克宮逐步推動本土科技發展。然而，俄官員始終缺乏耐性，改向非西方世界進口高科技產品，相對價廉物美的中國產品，自然成功打進俄國市場。2019年俄國大型電訊商MTS與華為合作，在俄國共同開發5G技術，無懼西方國家忌憚的安全威脅。隨著「監控城市」在疫情下試行，俄國追求人臉識別技術，

勢將加強與中國海康威視（Hikvision）的合作。

　　歸根究底，俄中戰略夥伴關係始於反對美國霸權，旨在挑戰西方世界秩序。中國對俄國的遭遇感同身受，批評美國在臺灣、香港、新疆等地搞局，干預中方內政。不過，俄中兩國對「後西方」世界秩序其實也不完全一致：俄方追求多極世界，而中方則主張中美共治；是因為美國對俄實施制裁，同時發動中美貿易戰，才間接推使俄中兩國愈走愈近。

3.新冷戰下的雙頭鷹

　　本來，俄國儼然成為中美的拉攏對象，理論上大有條件左右逢源。冷戰時，美國成功「聯中抗蘇」，有賴北京採取靈活外交；但近年來莫斯科卻缺乏外交彈性，難以徹底改變對美政策，不願對兩國矛盾、分歧加以調和。假如雙方關係短期內真的難有突破，看來應該務實地以維持全球戰略穩定和避免兩國正面衝突為目標（Trenin, 2020）。與此同時，美國缺乏籌碼離間俄國與中國，「聯俄抗中」可能只是空談？

　　現實上，俄國極可能與中國聯手對抗美國，但恐怕會成為這個同盟的小夥伴。俄國對中國的依賴與日俱增，會否逐漸失去其外交獨立性，以中國馬首是瞻？有俄國學者堅稱，中國會顧及俄方利益，需要俄國協助應對國際危機（Kashin, 2019），這種提法是否只是讓自己保住面子？更值得關注的是，俄國和中國會否正式結成軍事同盟？以往俄國不抗拒與中國結盟，但中方憂慮這會影響對美關係。如今中美關係幾近破裂，中俄軍事結盟會否因勢利導，確保莫斯科站在北京

同一陣線？

　　面對如此趨勢，莫斯科如何研判對烏克蘭用兵會怎樣影響俄中關係？在國際社會上備受廣泛譴責和制裁的俄羅斯，在經濟、商業以致政治上會不會對中國賣帳更甚？普丁窮兵黷武之態愈烈，中亞諸國對追求穩定與發展的「中國模式」會不會更加垂青？這種「種族帝國主義」（Racial imperialism）反而會令普丁的歐亞主義「帝國夢」更難實現（Maull, 2022）？

　　第三個做法也許「知易行難」：俄國要扮演平衡、獨立角色，防止中美任何一方稱霸。若普丁矢志要俄國重拾其在世界上的應有地位，它不應依附中國或美國，而應以歐亞大國自居（Тренин, 2020）。亞洲國家防疫表現尤勝西方，也許將加快戰略重心轉移至亞洲，俄國應重新制定其亞太戰略，與日本、印度、東協等提升關係，實踐俄國外交的「雙頭鷹戰略」。

俄中關係的辯證法：「勝似盟友」但始終不是盟友

　　2021年7月中國外長王毅在北京出席慶祝《中俄睦鄰友好合作條約》簽署20週年的活動時，說兩國關係進入了「不是盟友，勝似盟友」的新時代。有關俄羅斯在中美矛盾當中的定位，北京自是希望大家聚焦於《條約》得以續期五年這好消息；尤其是此前一個月美國與俄羅斯兩國領袖的峰會成果有限，關係未見突破，那麼中俄關係已經超越了「軍事政

治同盟」模式，庶幾成真？不過在這些官方輿論焦點之外，同時引起我們注意的，卻是普丁總統提及臺灣和印度的兩段小插曲。

1.助攻臺海的迷思

2021年6月美俄峰會前夕，普丁總統接受美國全國廣播公司（NBC）訪問（Putin, 2021b），談及中國大陸武統臺灣之說，回應值得細味。記者問「讓我再提一個幫助理解中俄關係——以及與美國關係的問題。如果中國人民解放軍進攻臺灣，俄羅斯將如何反應？」一直態度嚴肅的普丁被形容為忽然「詭異地」笑了起來，長達七秒鐘，然後反問：「什麼？你知道中國大陸準備武力統一臺灣？我對此一無所知啊。」接著說：「我們經常說，政治沒有如果，虛擬語氣（subjunctive mood）在政治裡是不合適的。政治的話語裡，沒有『可能』或者『想要』。我對此（統一臺灣）沒辦法發表評論——這不是當今世界的一個現實。請多包涵，別生氣。但我覺得，這個問題沒有意義，這件事沒在發生。中國大陸說了要武力解決臺灣問題了嗎？沒有。」最後普丁強調，多年以來中國大陸一直在發展與臺灣的關係。在兩岸問題上有各種看法，大陸有自己的看法，美國有不同的看法，臺灣也可能有不一樣的形勢評估。但幸運的是，還沒有發生軍事衝突。

中美矛盾升溫，陸續有西方陣營的高層官員提出在兩岸爆發衝突時要「捍衛」臺灣，於是到底莫斯科如何看待大陸

武統臺灣，就成為國際政治大謎團之一。2019年美國眾議院前議長金瑞契（Newt Gingrich, 1943-）分析，假若解放軍在俄方空軍協助下攻臺，將會大幅降低支援美軍的勝算，影響美國軍事介入臺海衝突的盤算。近年俄中加強軍事合作，提升解放軍空、海軍作戰能力；加上多年來持續對中售武，使解放軍逐漸在臺海取得軍事優勢。

2005年兩國於山東半島舉行「和平使命─2005」聯合軍事演習，包括登陸作戰，有國際輿論認為那是要威嚇臺灣，而不是旨在反恐；中方藉以對外暗示俄羅斯站在中國一邊，而俄方則熱衷展示武器裝備，爭取更多軍火訂單。然而，俄羅斯外交部和國防部事後澄清，聯合軍演與臺灣問題無關，純粹是訓練性質。俄國終究拒絕與中國簽署軍事協議，不願承諾介入臺海衝突。克里姆林宮對兩岸分離現狀感到「滿意」：它牽引著中美關係，分散中方在俄邊境的軍力，也促使北京繼續從俄國購入先進武器。因此，莫斯科不願看見臺海爆發軍事衝突，更避免捲入中美「代理人戰爭」。理想地說，俄羅斯可以搶占道德高地，調和中國與美臺的利益，化解臺海衝突。然而隨著俄中關係漸趨不對等，俄羅斯反而要提防被中國利用，捲入兩岸烽煙。普丁於美俄峰會前夕在NBC如此放話，不是堪稱妙著嗎？而普丁的這段巧言在中國媒體廣被引述，包括官方《新華網》和對臺關係前線的《台海網》，北京「戰狼外交」在對臺戰略上咄咄逼人的口吻是否需要當真，不也是頗堪玩味嗎？

2.中印之間的戰略對沖

在《中俄睦鄰友好合作條約》續期的背景下，普丁也簽署了新修訂的《國家安全戰略》，當中大談建構「後西方」世界秩序，主要方向是跟中國和印度發展戰略合作關係。作為國家安全最高級別的指導性文件，《國家安全戰略》每六年修訂一次，旨在釐定國家利益、戰略重點和威脅認知。克宮在這葫蘆裡面同時放入雙邊關係緊張、互相猜忌的中國和印度，到底是在賣什麼奇藥？

其實早於1990年代末，前總理普里馬科夫（Yevgeny Primakov, 1929-2015）已經提出「中俄印戰略三角」（RIC）合作，但中印都質疑背後的地緣政治動機。近年俄羅斯大肆宣揚西方陣營分裂、俄印中三國為首的非西方勢力興起，旨在推動「後西方」世界秩序反制西方霸權。克宮的如意算盤當然未必打響，皆因印度在美國的「印太」戰略發揮重要角色，新德里樂與華盛頓加強戰略合作，藉以更有效地抗衡中國崛起，俄印戰略目標存在差異。

不過除了考慮全球戰略，克宮高舉中國的同時也高舉印度，難道不可以也是「避險／對沖」之著？2020年中印在加勒萬河谷爆發近半個世紀以來最為血腥的一次武裝衝突，俄方有沒有藉RIC平台介入幹旋調停未可逆料，但就向印度積極銷售米格-29戰機和T-90主戰坦克等武器，印方也熱切期待俄方交付S-400防空導彈系統以部署在印中邊界；有臺灣傳媒引用大陸輿論認為是普丁在中國背後捅刀（盧伯華，

2020），這說法容或誇張，但俄方的態度撲朔迷離，北京的明眼人不會不放在眼內吧？

3.西方威脅天涯咫尺？

在反制西方霸權國家安全觀上，俄中確實有意識形態的共通點，做法上甚或有相互參照。克宮在《戰略》列出了國內、地區和國際三個層面的國安威脅，外國勢力利用俄羅斯的社會和經濟問題，企圖破壞其內部團結和分裂社會，矛頭直指以美國為首的西方世界。近年俄羅斯國內社會運動頻頻，2021年初就爆發全國性大示威，抗議當局拘禁反對派領袖納瓦爾尼。除了將納瓦爾尼收監，他創辦的反腐敗基金會也被裁定為極端主義組織，與此有聯繫的人一律無法競選公職；從5月底至6月初，反對派政客皮沃瓦洛夫（Andrei Pivovarov, 1981- ）和古德科夫（Dmitry Gudkov, 1980- ）都被當局無故逮捕，後者流亡烏克蘭。也別忘記2020年底俄羅斯下議院通過法案擴大「外國代理人」的法律定義，並且把獨立媒體梅杜莎新聞和VTimes列入名單，嚴重打擊了這些傳媒的營運。2021年9月杜馬選舉臨近之際，俄羅斯政府肆意打壓異見分子，外部勢力干預內政被營造成草木皆兵，真箇「假作真時真亦假」？

在區域層面，《戰略》聲稱有外國勢力煽動獨立國家國協分裂，破壞俄羅斯與傳統盟友的關係。俄羅斯視前蘇聯地區為其勢力範圍，但區內局勢近年動盪不斷：2020年夏天白羅斯爆發反政府示威，抗議總統盧卡申科長年鐵腕統治，局

勢起伏不平，甚至出現2021年夏天的迫降客機事件。2021年初烏克蘭東部頓巴斯衝突戰火初度重燃，俄羅斯於邊境屯兵十萬以回應烏克蘭的反俄親美立場。2020年底亞美尼亞與亞塞拜然在納戈爾諾－卡拉巴赫交戰，而停火協議讓土耳其在南高加索地區取得更大影響力。中亞地區的吉爾吉斯2020年10月因選舉舞弊觸發示威浪潮，導致時任總統熱恩別科夫下台。俄羅斯缺乏天然屏障，長年抱有地緣政治不安感，所以主張把勢力擴張至前蘇聯國家，以建立分隔西方的戰略緩衝和安全屏障。克宮認為前蘇聯地區充斥著「顏色革命」和北約東擴的野心，無疑威脅國家安全。但西方列強對此恐慌多不苟同。

4.中國崛起帶來焦慮？

　　莫斯科相信國安威脅主要來自西方，亞洲國家都應該發展為重要合作夥伴。自克里米亞危機以還，「向東轉」之策更為積極，特別重視與中國加強戰略合作夥伴關係。不過，雖然《戰略》指責美國陸續退出軍備控制協議，損害全球戰略穩定，恐將各國捲入新一輪軍備競賽──前總統川普任內，美國先後退出了《中導條約》（*Intermediate-Range Nuclear Forces Treaty*）和《開放天空條約》（*Treaty on Open Skies*），被指是要釋出空間抵禦中國解放軍的導彈威脅。然而拜登履任總統不久，美國即宣布延長與俄羅斯之間的《新削減戰略武器條約》至2026年；在日內瓦峰會後，兩國領袖亦同意重新恢復核軍備控制談判。俄羅斯致力維持核威懾能

力，除了要遏制美國造成的國安威脅，藉此保持在前蘇聯地區的長期主導地位，但何嘗不也是為了緩解與中國國力不對等所帶來的焦慮？

中國與俄羅斯在2004年簽署《中俄國界東段補充協定》，說是完成邊界勘定。然而《協定》真能一勞永逸解決兩國矛盾嗎？多年來俄羅斯遠東陷入人口危機和經濟發展滯後，導致「黃禍論」再度甚囂塵上，當地老百姓埋怨中國的人口和經濟力量借機占盡俄遠東便宜；普丁亦曾經警告遠東的發展情況對國家安全構成威脅。在經濟、商貿上所謂中方多占便宜而令俄方顧忌或者缺乏信任的情況，除了俄遠東，也在中亞和北極開發上屢見不鮮（Stronski & Ng, 2018）。於是克宮更積極推動遠東發展，讓它與莫斯科加強聯繫，同時加速融入亞太地區，以回應中國崛起帶來的挑戰。

這類「占便宜」和雙方缺乏信任的論說，在俄烏戰爭開打之後更加甚囂塵上：正值俄方陷於苦戰而未見終期，一方面中方尋求在購買俄方油氣產品時獲得更多折扣，在俄國國內建立合營企業時期待得到俄方投入更多資金和免稅特惠，甚至開始垂涎俄國軍火的國際市場；另一方面中方不願意容讓俄方借用其財務系統去處理國際貿易帳目，以免受到西方制裁連累（2022年3月後者多家銀行被西方列強排除出SWIFT）；除了中國石油化工和華為，中國的主要企業和銀行都停止在俄羅斯運作……，等等（Fabbri, 2022）。林林總總哪怕只是部分真確，莫斯科不可能懵然不知，那麼除了感人的外交辭令之外，「勝似盟友」的關係將來可以怎樣走

下去呢？

　　今天，《中俄睦鄰友好合作條約》列明兩國相互沒有
領土要求，卻再次觸發中國民間輿論對海參崴主權的關注
——其實早在1980年代莫斯科就曾經密切關注香港前途問
題談判，因為沙俄也是在同期（中國晚清）藉乘不平等條
約侵占海參崴。中國當局對這些民間愛國主義輿論設法遏
止，是因為海參崴乃俄國領土已經是「既成事實」（fait
accompli），再也無法逆轉恢復原狀？抑或就如美國企業研
究所（American Enterprise Institute）高級研究員Zack Cooper
所言，中國其實沒有多少世界級大國的朋友，眼下實在需
要俄羅斯的合作？那麼中俄關係的所謂「不是盟友，勝似
盟友」，更準確的描述會不會是「勝似盟友但始終不是盟
友」？

《馬格尼茨基法案》與美國的人權法案外交

　　談美俄博弈，當然要談美方的制裁策略，而《馬格尼茨
基法案》（*Sergei Magnitsky Accountability Act*, 2012年）是近
年的先驅之一。回顧這個由華盛頓內部政治博弈主導而促成
的法案，可見這策略不單只搖動美俄關係，更或多或少影響
他國的人權狀況，甚或全球局勢。

1.華盛頓的「府會矛盾」左右國際人權？

　　2007年俄國律師馬格尼茨基（Sergei Magnitsky）揭發巨

額的官僚詐騙案，涉案金額高達2.3億美元，俄國內政部官員涉嫌其中。輾轉之間他反而因「涉嫌逃稅」而被捕，拘留期間相信在牢中被虐打、缺乏適當醫療照護致死，轟動國際輿論界。俄國政府勒令國內的人權理事會進行調查，調查結果卻指稱馬格尼茨基是死於心臟病，無任何官員需要負責。

馬格尼茨基的僱主是美國富商、一度是俄羅斯最大海外投資者的布勞德（Bill Browder, 1964-），他積極遊說美國國會通過《馬格尼茨基法案》，對涉案和其他侵犯人權的俄國官員實施制裁，凍結他們在美國的資產，禁止他們入境美國。《法案》於2012年通過，此後有不少於55名俄國人被列入黑名單，當中包括不少普丁的親信和打壓同性戀者的車臣總統卡德羅夫（Ramzan Kadyrov, 1976-）。2016年美國國會制定《全球馬格尼茨基人權問責法》（*Global Magnitsky Human Rights Accountability Act*），將原先法案的覆蓋範圍擴展至全球；歐盟、英國、加拿大、澳大利亞、波羅的海三國等等已經通過了相近法案；法國、日本等不少重要國家正在審議或者考慮相關立法。

俄羅斯外長拉夫羅夫曾警告美方，制定《馬格尼茨基法案》是干涉俄國內政，通過法案將會嚴重損害兩國關係。這警告聲若雷鳴，究竟當時華盛頓是如何研判形勢？儘管當時華盛頓各派已呈兩極化的趨勢，但民主、共和兩黨對通過《馬格尼茨基法案》卻取得共識，藉此回應俄國每況愈下的人權狀況。相反，主張美俄關係正常化的時任總統歐巴馬試圖阻撓法案通過，動員國務院、財政部、國安會等進行遊說

工作。另一方面，歐巴馬推動國會廢除1974年通過的《傑克遜—瓦尼克修正案》（*Jackson-Vanik Amendment*，以貿易制裁懲治蘇聯限制公民移民自由），深信貿易關係正常化才有利於改善美俄關係；若然《修正案》未能廢除，美國或將失去俄國市場的潛在利益，同時違反世貿的互惠原則。有見及此，國會將《馬格尼茨基法案》和《傑克遜—瓦尼克修正案》捆綁起來，最終在參議院（92對4）和眾議院（365對43）均獲得大比數通過；歐巴馬未有動用否決權，避免進一步損害白宮與國會的關係。

《法案》得以通過是國會政治的結果——美國奉行三權分立，總統與國會互不從屬。莫斯科為此責怪歐巴馬，後者有苦自知。不過，誠如拉夫羅夫所言，華盛頓的（總統）府（國）會矛盾、黨派鬥爭確是足以左右人權法案的審議大局。歐巴馬政府的對俄政策以務實為本，卻被不少政客批評為退縮軟弱。在2012年美國總統大選期間，挑戰歐巴馬連任的共和黨候選人羅姆尼（Mitt Romney, 1947-）就指責俄羅斯是美國的「頭號地緣政治敵人」。

2.人權法案影響雙邊和全球局勢？

當年美國國會制定《馬格尼茨基法案》期間，時任國務卿希拉蕊（Hillary Clinton, 1947-；編按：港譯希拉莉）曾向拉夫羅夫贈送一枚紅色「重啟」（reset）按鈕（當時一度被誤譯成俄文的「overload」，即「超負荷」，成為一時「佳話」）——歐巴馬政府致力「重啟」與俄羅斯之間的關係，

例如放棄在波蘭和捷克建立導彈防禦系統、協助俄國加入世貿等，但《馬格尼茨基法案》使美俄關係正常化的心血付諸流水。

普丁向來推崇「現實政治」，認為外交應先考慮國家利益，對華府以人權議題犧牲兩國關係大惑不解。美方強調《馬格尼茨基法案》只針對個別違規官員，而不是整個俄國，但莫斯科決意採取反制措施，國會通過《季馬·雅科夫列夫法案》（Dima Yakovlev Law——2008年俄國兩歲小孩雅科夫列夫誤被美國養父反鎖在車上，最終中暑死亡），禁止美國人領養俄國孤兒。不過，措施對俄國孤兒的傷害遠比對美國政客為大，多個國際組織亦批評這法案侵犯人權。

莫斯科嘗試令美國勢力絕緣於俄國內政，例如對非政府組織制定《外國代理人法》（Foreign Agent Law）以干預收取外國資金的非政府組織、終止美國國際開發署的所有援助項目。同時，俄國立法禁止政府官員持有海外資產，否則將面臨最高一千萬盧布（約15萬美元）罰款和五年監禁。除了減低俄國官員被外國挾持的風險之外，普丁期望資產回流能整治管治團隊的紀律。

莫斯科以「以牙還牙」的冷戰技倆應對《馬格尼茨基法案》，結果是美俄關係逐漸失控，俄國亦向孤立主義道路靠得更近。美國已故資深參議員馬侃（John McCain, 1936-2018；編按：港譯麥凱恩）和不少對俄反對派曾經諷刺，《馬格尼茨基法案》是「親俄」法案，因為它只不過針對個別失職官員。其實根據俄國獨立機構的民調，43%俄國

人支持《馬格尼茨基法案》，遠較反對的22%為多（Levada Center, 2013）。而這一種制裁策略對於抵抗普丁集團是否湊效，辯論迄今不息。俄國對烏克蘭用兵之後幾個月，布勞德就在英國倫敦大學學院演講，將《馬格尼茨基法案》與抗俄侵烏相提並論，場面熱烈（Browder, 2022）。

氣候危機與俄國能源政策：錯判形勢？

2019年9月16歲瑞典少女童貝里（Greta Thunberg, 2003-；編按：港譯通貝里）在聯合國氣候峰會發表演說，痛斥各國元首漠視氣候危機，對全球減碳行動只說不做，成為一時佳話。童貝里曾經獨自前往瑞典國會外抗議，並發起「Fridays for Future」罷課行動，喚起全球關注對氣候變化，數以百萬計人在過百個國家的一千多個城市參與。發表演說之後三個月，她被《時代》（*Time*）週刊選為年度風雲人物，成為該活動近百年歷史以來最年輕的獲選人。

在童貝里演說的同日，時任俄羅斯總理梅德韋傑夫簽署政令，批准俄國正式加入《巴黎氣候協定》（*Paris Agreement*）。作為全球第四大碳排放國、第二大石油和天然氣生產國，俄國如何應對氣候危機，其實也關乎世界發展的秩序。根據俄國氣象局發表的報告，俄國暖化的速度較全球平均氣溫上升快兩倍半。究竟俄國的減排成果如何？俄國上下如何看待氣候議題？氣候變化為俄國帶來哪些機遇與挑戰？

1.加入《巴黎協定》：象徵性減排？

《巴黎氣候協定》的簽署國承諾減低碳排放量的目標是自主釐定的，俄國要達標可謂輕而易舉。普丁在巴黎氣候峰會（COP21）上宣布俄國以1990年為基準，將於2030年前把溫室氣體排放量減少至70%。蘇聯於1991年解體，當時經濟發展倚賴重工業，碳排放量極高，普丁對基準年的設定實在有取巧之嫌——目前俄國的碳排放量只有1990年水平的六成，所以它只需要維持現狀便可輕鬆達標（The Economist, 2019）。外界批評俄國的減排目標極為保守，過分偏重商界利益和國內經濟發展；弔詭地，俄國甚至可以在遵守《巴黎協定》的情況下，輕微增加碳排放量。由此可見，俄國正式加入《巴黎協定》是象徵意義居多，難言對全球減排有實際作用。有俄國氣候專家相信（Kokori & Korppoo, 2017），克里姆林宮從未認為氣候變化危機迫在眉睫，預計在2030年後才會全面發展可再生能源和推動全國性減排措施。

基於經濟利益考慮多於環保，克宮的氣候政策聚焦於提升能源效益。根據能源研究公司Enerdata的數據（Enerdata, 2021），俄羅斯經濟的能源密集程度（每單位產出需要消耗的能源）是全球第二高，意味工業發展滯後、使用能源欠缺效率。俄國蘊含豐富天然資源，本土能源價格便宜，加上工業設備落伍過時，間接「助長」企業和大眾使用能源的壞習慣，導致大量浪費能源。世界銀行的研究透露，俄國具備節省45%能源的空間，以換來每年1,200億至1,500億美元的經

濟回報（The World Bank, 2014）。不過，俄國要提高能源效益的投資經費不菲，估計涉及3,200億美元。西方的制裁令俄國陷入財困，缺乏海外融資渠道，不少節能項目只好無疾而終。

2.普丁質疑氣候變化

多年來普丁鮮有關注氣候議題，也質疑人為因素是否導致氣候變化的主因。在2017年的北極論壇上，普丁辯稱全球暖化早於1930年代已經開始，不是現代人類活動所造成（France-Presse, 2017）；他更認為阻止全球暖化違背自然規律，人們其實只好設法適應。有學者批評今天的普丁在氣候議題上開倒車，因為俄國政府在2009年發布的《俄羅斯氣候指南》（*Climate Doctrine of the Russian Federation*），曾經列明全球暖化是人為造成，也強調減低碳排放的必要性（President of Russia, 2009）。此前，普丁曾經戲言全球暖化是好事，使俄國人節省購買皮草大衣的開支。

歸根究底，普丁認為氣候變化遙不可及，傾向以政治角度對待氣候議題，當成是大國角力的其中一環。克里姆林宮將全球氣候治理當作政治秀，藉此對外展示俄國的重要性，與西方國家平起平坐，強調全球氣候合作必須要有美、中、印、日等主要碳排放國參與，否則任何協議都只是徒勞無功。美國前總統川普對氣候變化也抱懷疑態度，曾經指控全球暖化是中國製造的騙局，旨在打擊美國經濟。隨著川普宣布退出《巴黎協定》，俄國的參與可能只是擺弄姿態以突顯

其「負責任大國」的形象。

　　俄國老百姓的環保意識普遍較歐洲民眾薄弱，難以影響克宮的氣候政策。2019年9月童貝里引動全球多個城市舉行關注氣候變化的示威活動，超過600萬民眾響應；不過，或許跟政府打壓集會自由有關，參與相關示威的莫斯科市民只得30至40人。根據列瓦達中心（Levada Center, 2020j）的數據顯示，儘管67%俄國人認同人為因素是導致全球暖化的主因，但關注氣候變化只有7%，其嚴重性遠不及空氣汙染、垃圾棄置和核廢料等環保問題。有評論認為，蘇聯的共產主義惡夢使俄國人追求極端個人主義，甚至認為環保行為是限制個人自由。

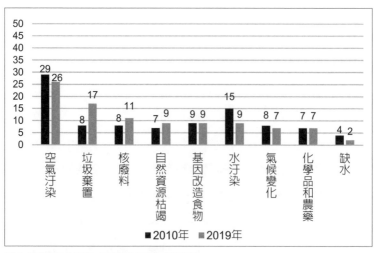

圖5.俄羅斯人認為最嚴重的環境問題
資料來源：列瓦達中心（Levada Center, 2020j）

3.氣候變化的危與機

即或如此，氣候變化增加極端天氣事件發生的頻率，俄國人民其實深受其害。根據俄國氣象局的統計資料，當地在2018年錄得580宗極端天氣狀況，如熱浪、颱風、暴雨等，遠多於2000年的141宗。2019年7月西伯利亞北部發生嚴重山火，多個地區進入緊急狀態，迫使普丁下令軍隊協助救火。2012年南部小城克雷姆斯克（Krymsk）發生洪災，造成171人死亡，數千人流離失所。2010年莫斯科受到熱浪襲擊，觸發山林大火，奪去15,000條人命，造成150億美元經濟損失。由此可見，氣候變化對俄國的安全和經濟構成明顯威脅，政府實在不容忽視。民眾時有批評政府救災不力，假如克里姆林宮依然掉以輕心，難保不會釀成政治危機。

不過，全球暖化有助促進北極地區發展，長遠會為俄國帶來經貿新契機。有研究顯示（Diffenbaugh & Burke, 2019），全球暖化擴大南北國家之間的貧富差距，俄國、挪威、加拿大等極地國家愈發繁榮，而赤道國家（例如印度）的發展則進一步滯後。俄國視北極地區為能源基地，擁有當地66%未開發天然氣和29%未開發石油。由於全球氣候變化加速冰層融化，俄國開發北極資源的成本將會大幅降低。另一方面，全球暖化有助開通俄國沿岸的北海航道（Northern Sea Route），這航道途經北冰洋，連接大西洋與太平洋，航程較蘇伊士運河為短，能減低運輸成本；之前受極地氣候等因素影響，每年航期只有三至四個月。北海航道亦涉及重大

戰略利益，俄國或可將駛經的商船變成「人質」，以作為換取政治利益的籌碼。

4.減排與能源政策落後於形勢？

然而，俄國未有追隨全球減排步伐，減輕對化石燃料的經濟倚賴，長遠而言或要負上沉重代價。2018年能源產品占俄國總出口約64%，當環球需求下降時，俄國就要面對貿易風險。作為俄國能源的主要市場，歐盟的環保標準和消費者的綠色購物習慣，也勢必影響俄國經濟。有俄國經濟學家預計（Makarov, 2017），若然《巴黎協定》訂立的目標能夠達成，俄國本地生產總值將會每年下跌0.2%至0.3%。面對風險，俄國政府始終相信可再生能源在中短期內難以完全取代石油等化石燃料，勸導國民對能源出口貿易毋須過分悲觀。不過，近年俄國煤炭出口銳意進軍亞洲市場，但效果不如預期理想，皆因中國、越南和其他國家鼓勵發展可再生能源。

無可否認，2022年俄羅斯對烏克蘭的軍事行動令致各國暫緩了能源轉型的步伐，一時之間化石燃料又再被看重，聯合國祕書長古特瑞斯（Antonio Guterres, 1949- ）批評各個工業大國的行徑跡近瘋狂（Meredith, 2022）。但只要戰爭始終有完結的一天，長遠而言俄國的能源政策是否錯判全球形勢，對全球能源需求的模式過度樂觀？而這些年來莫斯科嘗試在環保領域經營的「負責任大國」形象到底還在乎不在乎？克里姆林宮要不要認真反思？

新冠疫情下的油價戰：全球變局的陰謀？

　　2020年3月石油輸出組織（OPEC）與俄羅斯談判破裂，三年合作關係瓦解，沙烏地阿拉伯隨即宣布將每桶原油價格下調六至八美元，並將產量從每日970萬桶增至1,230萬桶。在需求衝擊和供應衝擊夾擊下，原油市場風雲湧動，全球經濟大受影響。國際輿論將此解讀成俄國針對美國頁岩油產業而處心積慮掀起的油價戰，言之成理嗎？抑或不過是始料不及的「黑天鵝」？

1.「頁岩油革命」難以逆轉

　　「頁岩油革命」令美國逐漸實現能源獨立，近年更是全球最大原油出口國，產量從2008年每日750萬桶攀升至2019年每日1,710萬桶，同期市占率由9%提升至17%（Weafer, 2020）。2014年底沙烏地阿拉伯發動油價戰，試圖將美國頁岩油企擠出市場，最終鎩羽而回。當時油價從100美元下挫至40美元，確曾迫使部分美國頁岩油企退出；然而大型頁岩油商降低開採成本和獲得華爾街支持，成功捱過割價戰，令財困的沙烏地阿拉伯無奈重新減產抬價。

　　油價戰將一些債台高築的美國頁岩油企淘汰，但始終難以撼動大型頁岩油商。依2020年春季的情況而論，美國頁岩油企共發行9,360億美元債券，當中近12%被列為垃圾債券，違約風險極高（Rennison, 2020）；油價遠低於平均開採成

本的48至54美元，進一步削弱這些油企的還債能力。不過，近半美國頁岩油企已將2020年的石油產量以50美元進行期貨對沖，減少油價波動的衝擊，破產潮稍得紓緩。

2020年的油價戰短期內或重創美國頁岩油企，長遠而言它們還是捲土重來。即使美國頁岩油業爆發倒閉潮，大型頁岩油商或藉收購破產企業以進行逆市擴張；當油價回升時，油商自然重新生產。可以說，油價戰只暫緩美國頁岩油發展，但難以令它壽終正寢。

2.俄國經濟內憂外患

俄油行政總裁謝欽確曾多次批評OPEC+協議助長美國頁岩油發展，對俄國石油業構成戰略威脅。不過，主要俄國油企其實支持延長當時的減產協議，只是反對沙烏地阿拉伯的額外減產建議（沙烏地阿拉伯提議延長在3月底屆滿、每日減產210萬桶的協議，另額外減產150萬桶，應對疫情肆虐導致的原油需求下降）。克里姆林宮一直冷處理謝欽的言論，而且近年致力與沙烏地阿拉伯重建關係，試圖改變中東的地緣政治格局。俄國能源部長諾瓦克（Alexander Novak, 1971-）也明言，合作三年以來OPEC+協議為庫房帶來額外1,000億美元收入（Russia Monitor, 2020）。一些國際輿論將謝欽的鷹派立場視為克宮的能源政策方針，是否以偏概全？

俄國經濟依賴能源出口，近四成庫房收入源自原油利潤，油價戰嚴重損害其財政狀況——石油出口國根據原油收入制定財政預算，俄國要達致財政預算平衡，油價必須達到

42美元，當油價跌至30美元時，俄國預料損失270億美元，為本地生產總值的0.9%（Reuters Staff, 2020），央行將要動用逾1,500億美元的國家財富基金去彌補此收入損失。

俄國宏觀經濟不穩，大有經濟衰退危險，甚或重演金融危機。俄羅斯盧布兌美元匯率曾狂瀉8%至一美元兌75盧布的多年新低，下行風險當時令人憂慮。2020年俄央行曾經推測若油價再下調至25美元，全年通膨率將達8%，遠超4%目標水平。受制於貶值和通膨壓力，央行有被迫加息壓力，經濟增長從而受壓。前財長庫德林曾經預料2020年俄國本地生產總值增長將從預期的1.9%跌至0（Hirsch, 2020）；信用評級機構Analytical Credit Rating Agency也警告，金融壓力指數一度攀升至3.12點（臨界點為2.5點），顯示金融系統瀕臨危機狀態。

普丁一直強調以犧牲自由換取穩定，油價戰或擾亂其永續執政大計。「後克里米亞時代」老百姓的生活水平已然一蹶不振，盧布貶值和通膨將導致生活成本激增，加上近年社會屢見動盪，平民過日子百上加斤。普丁提倡在現屆任期推行「全國項目」（National Projects）計畫，以總投資額4,000億美元去振興國內疲弱經濟；2020年1月時任總理梅德韋傑夫內閣總辭，也正是要扭轉經濟困局，確保普丁「眾望所歸」地繼續掌政。油價戰令普丁面對兩難：削減政府開支，將會打擊民生積累民怨；但耗用外匯儲備維持財政平衡，長遠將削弱應對外圍經濟衝擊的能力。

3.沙烏地阿拉伯與俄羅斯：誰先眨眼？

　　沙烏地阿拉伯為2020年春季那次油價戰點火，但財政狀況其實比俄國更欠穩健——它的石油儲備較俄國多3.5倍（Movchan, 2020），揚言大幅增產260萬桶，而俄國最多只能增產30萬桶作「反擊」；但沙烏地阿拉伯對石油出口的依賴尤甚於俄國，占其財政收入65%（俄國僅為37%），而且要在油價達80美元時才能達至財政平衡，足足是俄國的一倍（Egan, 2020）。俄國外匯儲備穩步上揚，從2015年的3,600億美元攀升至2020年的5,700億美元，全球位列第四；沙烏地阿拉伯的財政狀況反而每況愈下，同期外匯儲備從7,310億美元萎縮至5,000億美元（Weafer, 2020）。匯率制度方面，俄羅斯盧布自由浮動，可藉貶值去抵消部分原油收入損失，減輕對財政預算的負擔，而沙烏地阿拉伯的里亞爾則與美元掛勾。沙烏地阿拉伯或可發行外債紓解財困，飽受制裁的俄國難以模仿。

　　沙烏地阿拉伯與俄國的談判之勢孰強孰弱一言難盡，雙方似乎都寄望於疫情和油價戰兩隻「黑天鵝」同時出現，導致全球信貸緊縮及頁岩油企永不翻身，從中取利。但觀乎美國頁岩油產業的韌性，俄國與沙烏地阿拉伯是不是賠了夫人又折兵？美國頁岩油產業捱過這關，削弱了原油出口國油價的操控權，對全球地緣政治格局有莫大影響。然而，2022年俄烏戰爭沒有令工業強國痛定思痛、加快推進可再生能源的發展，反而一時之間化石燃料再次成為「淘金熱」

的對象，6月七大工業國（G7）的德國峰會只在意談判價格
（Bennhold & Tankersley, 2022），算不算婉轉地告訴莫斯
科，能源作為大國「武器」依然可恃？而油價戰的必然受害
者，自然是叫苦連天的平民百姓。

第六章
逐鹿全球

在蘇聯解體和冷戰結束後，俄羅斯的國際影響力今非昔比，從超級大國驟變為「區域強國」。上任之初，普丁曾向國民宣稱俄羅斯從過去到將來都是大國，有賴其地緣政治、經濟和文化存在，他的俄羅斯「帝國夢」銳意扭轉地緣政治頹勢。本章審視俄國對東歐、東亞和南美洲等地區局勢的影響，評鑑莫斯科的全球擴張戰略。

蘇聯解體30年：大國歷史終結了嗎？

蘇聯解體30週年，慣看美英媒體、崇尚新自由主義的朋友，記憶中的關鍵詞應該是「冷戰勝利」、「歷史的終結」之類吧？普丁不久前則形容那是一場「悲劇」，它摧毀了歷史意義上的俄羅斯，逾千年道行一朝付諸流水。多年前普丁已經慨嘆蘇聯解體是「20世紀最大的地緣政治災難」，也曾坦言如果有這個歷史機會，他希望能阻止瓦解發生。另一種世界觀，有沒有言之成理之處？

1.帝國情結與「不平等」待遇

　　領袖如是說，老百姓想法又如何？列瓦達中心2020年公布的調查顯示，六成半人對蘇聯解體感到後悔，七成半人視蘇聯時代為俄國歷史上最好的時期（Levada Center, 2020h）。他們（特別是年長的）緬懷過去，主要因為解體之後的俄羅斯失去超級大國的自豪感，一體化經濟體系也被摧毀。無獨有偶，全俄羅斯民調研究中心2021年底發布的調查透露（VTsIOM, 2021），促成蘇聯變天、兩度被美國《時代》週刊選為年度風雲人物、曾獲頒授諾貝爾和平獎的戈巴契夫，卻被國民選為蘇聯時代的最負面人物。民調也發現俄國人寧願國家的發展維持在1985年戈巴契夫上台之前，皆因俄羅斯在他提出「重建」前仍然是一個強大和團結的國家（Levada Center, 2020i）。

　　俄羅斯上下嚮往的帝國傳統，沒有隨著蘇聯解體30年而消逝，即使它在冷戰後的國力已然大不如前。沙皇時代篤信東正教的俄羅斯宣稱自己繼承「第三羅馬帝國」，彰顯其文明的獨特性和優越性。由於缺乏天然屏障，俄國長年心存地緣政治不安感，也因此熱衷於對外擴張，擁有遼闊的國土標示著其大國身分：彼得大帝奪取了波羅的海的控制權、恐怖伊凡（Ivan the Terrible, 1530-1584；編按：港譯伊凡雷帝）征服了西伯利亞、葉卡捷琳娜大帝（Catherine the Great, 1729-1796）拿下了黑海沿岸地區；在蘇聯治下，勢力範圍擴張至東歐的華沙公約組織各國，奉行的社會主義制度與西

方資本主義的平分天下。

在這樣的歷史脈絡下，30年前美國宣布「冷戰勝利」和「歷史的終結」，一直是俄羅斯人心頭之恨。俄、美兩國對冷戰得以結束的解釋南轅北轍：戈巴契夫在新著《戈巴契夫冷戰回憶錄：蛻變中的世界，從舊冷戰到新世紀的危機》（Михаил Горбачев: В меняющемся мире）中重申，全球對抗的終結是雙方共同努力、談判的成果，美國卻沉迷於「成王敗寇」情結，沒有致力建立嶄新和平等的安全體系，是為後冷戰世界秩序亂局的根源（Горбачев, 2018）。失去大量領土之後，被西方視為「輸家」的新俄羅斯在葉爾欽總統治下一度推行「全盤西化」，期望在新世界秩序中獲得「恰當位置」（rightful place）。俄羅斯學者博加圖洛夫提出「多元單極世界」（pluralistic unipolarity）概念（Bogaturov, 2017），意指美國及其西方盟友組成了單極中心，內部包含多元化的意見和立場，而俄國將是其中一員。然而美國在北約東擴和科索沃戰爭中漠視俄國利益，後者淪為西方世界的小夥伴。俄國的大國地位一如江河日下，民族屈辱感在民間油然而生，成為雙方關係的轉捩點。

2.大國外交光復？

背負帝國情結，面對「不平等」待遇，老早已經「毋忘初心」的普丁重新提倡歐亞主義，主張維持東西方外交平衡，矢志重振大國地位。他在上任前夕發表〈千年之交的俄羅斯〉，力陳要「相信俄羅斯的偉大，它從過去到將來都是

一個大國……。大國的體現在於切實保障國家安全和在國際上維護國家利益。」通過了解普丁的歐亞主義和大國主義外交，俄羅斯跟美國、中國和前蘇聯國家的關係就能梳理得更清楚。

雖說俄美關係目前陷入新低點，但也不能簡化為一潭死水。莫斯科一直表示願意跟美國建立務實合作關係，但必須以平等為基礎。911事件後，普丁是首位致電布希總統表示支持美國反恐的外國元首，甚至提出讓美軍使用俄軍在中亞的軍事基地。不過這些「善意」卻換來白宮一意孤行退出《反彈道導彈條約》（即使之前連續三年聯合國大會都高票通過決議要維護條約）、發動伊拉克戰爭、推動「顏色革命」和第二輪北約東擴。今天大家聽到北京批評美國單邊主義、單極世界觀以及對國際安全構成嚴重威脅，其實早在2007年慕尼黑安全會議，普丁已經在彈此重調。此後歐巴馬政府曾經尋求與俄羅斯「重置」關係，但美國在利比亞危機中再次「忽視」俄國利益。克里米亞危機之後，俄美關係急速惡化，但兩國終能達成敘利亞停火協議和延長《新戰略武器裁減條約》。

儘管俄羅斯與中國的關係緊密，但雙方還是十分珍惜各自的外交獨立性，避免捲入與自身利益無關的衝突。如果可見未來兩國實力此消彼長之勢不變，俄國失去外交獨立性就與大國復興之夢背道而馳了。2020年新冠疫情爆發以來，北京的外交風格變得愈見強硬，俄羅斯外交部著名的東亞事務智囊盧金（Alexander Lukin, 1961-）就形容俄中關係的高峰

期已過（Lukin, 2020）。畢竟兩國的戰略重心不同，前者重視東歐地區，後者則關注臺海和南海局勢，結盟真能促使對方在口惠之餘對自己提供實際支援嗎？雙方其實都不見樂觀。

30年過去，俄羅斯依然視前蘇聯地區為勢力範圍，不容其他勢力的軍事存在。曾經擔任澳大利亞駐俄外交官的著名華裔學者羅波波（Bobo Lo, 1959-）形容俄羅斯正在打造「後現代帝國」，利用間接手段來維持地區影響力，但只承擔最小責任（Lo, 2015）。例如2008年與喬治亞爆發「五日戰爭」，並且承認南奧塞梯和阿布哈茲獨立，間接阻止了喬治亞加入北約。時任總統梅德韋傑夫提出《新歐洲安全條約》（*New European Security Treaty*），強調俄國在地區享有「特權利益」（privileged interests），倡議卻始終不被西方列強重視。2014年俄羅斯吞併克里米亞和軍事介入烏東頓巴斯戰爭，也阻止了烏克蘭加入北約。2021年末俄軍在烏克蘭邊境集結，普丁要求美國和北約提出具有法律約束力的安全保證（包括停止北約東擴），再次嘗試劃清「紅線」抵擋西方霸權，最終爆發2022年的俄烏戰爭。

3.「歷史終結」了嗎？

研究國際關係，「大國」的定義似乎從來沒有共識。學術大師們固然爭辯不休，米爾斯海默特別重視軍事實力，沃爾茲（Kenneth Waltz, 1924-2013）則認為在此之外也不能不考慮人口和領土、天然資源、經濟能力和政治穩定；即

使在美國政壇，歐巴馬曾經尖酸地形容俄羅斯只是「區域強國」，已故的共和黨鷹派強人馬侃甚至諷刺它是「偽裝成國家的大型加油站」（LaMonica, 2014）。不過在俄羅斯老百姓眼中，大國地位也許更關乎開疆闢土和敢於對抗霸權——喬治亞戰爭和克里米亞危機後，認同俄羅斯是強大國家的民意不斷看漲（見圖6）。而所謂「歷史終結」30年之後，自由之家（Freedom House）的報告反而錄得世界自由指數連續15年下跌，2021年自由情況轉差的社會，數量是自由情況好轉的2.6倍，當中包括很多傳統自由主義國家（Repucci & Slipowitz, 2021），而全球各地也有愈來愈多新興民主國家向威權主義管治轉軌。是非成敗，其實也不輕易盡付笑談中。

圖6.俄國人認為當今的俄羅斯是一個強大的國家嗎？

資料來源：列瓦達中心（Levada Center, 2020g）

韓戰長沙里之役：大國代理人戰爭的偽善

蘇聯霸業讓不少俄羅斯老百姓念念不忘，其實當年的大國方略是如何推展？本書多次提及「代理人戰爭」招數，在大國較勁過程中歷久不衰，本篇又再以影評形式，透過2019年韓戰電影《長沙里之戰：被遺忘的英雄》（*The Battle of Jangsari*）的影情比照歷史真相，反思大國「代理人戰爭」的偽善。

電影主角小隊長成弼生於北韓，家業都被蘇聯撐腰的北韓「共匪」搶了，被逼舉家南逃。電影就這樣將蘇聯輕輕帶過，中國的身影也未曾展露。如果說，長沙里之役的學生兵捨生取義成就仁川登陸，豐功偉績卻曾經湮沒於歷史之中，美軍理應備受譴責，那麼如果我們沒有用心去反思大國政治下「代理人戰爭」的悲劇，又何嘗不是對不起當年未能倖存的年輕抗共小將嗎？

1.共產陣營爾虞我詐

二戰後蘇聯和美國的戰略重心放在東歐，無暇兼顧東亞局勢，各自從南、北韓撤軍。北韓領袖金日成（1912-1994）起初提出統一朝鮮半島的請求，遭到史達林婉拒。蘇方判斷北韓未有充分作戰準備，金日成預期的迅速勝利難以如願，宜先提升朝鮮人民軍的空軍作戰能力。儘管美軍已撤離朝鮮半島，但北韓發動侵略勢必招致西方軍事反制，使蘇

聯在東亞泥足深陷，甚或與美國正面開戰。

隨著國際形勢急速轉變，史達林初衷漸變──若然繼續反對北韓的武統計畫，金日成威脅撇下蘇聯，尋求中共支持。與此同時，中國的國民黨在內戰中敗局已定，美國開始向中共示好，而毛澤東也不排除雙方關係局部正常化，使「新中國」有更多籌碼在美蘇之間經營漁人之利。蘇聯面臨同時失去中國和北韓的風險。

史達林最終容許金日成出兵，以維持他的忠誠，但要求平壤必須事先徵得毛澤東同意。一旦中美短兵相接關係交惡，中共就不得不依賴莫斯科。蘇聯既可鞏固其東亞緩衝，又可避免與美國直接衝突，韓戰的成敗由金日成和毛澤東共同承擔（Goldstein, 2010）。史達林與金日成沒有及早向毛澤東披露具細軍情，避免他搶先攻臺，挾持蘇聯支持。由於中共倚賴蘇聯的空、海軍支援，毛澤東無奈同意金日成的武統計畫。

韓戰爆發後，聯合國安理會動議派兵參戰，蘇聯故意缺席讓此得以通過──動議若遭否決，美國很可能單方面向北韓宣戰，屆時中共難以抽身於戰爭狀態，而根據《中蘇友好同盟條約》，蘇聯就要跟美軍正式交鋒──史達林千方百計要避免的正是如此狀態。至於朝鮮半島何等生靈塗炭，卻不是幾位共黨領袖的關注了。

2.被大國「遺忘」的戰役

韓戰爆發初期，美國國民一度憂慮第三次世界大戰一觸

即發，政府遂嚴密審查有關韓戰的報導。往後美軍深陷越南苦戰，國人對朝鮮半島局勢的興趣消退；韓戰退伍軍人回國後也相對低調，畢竟1953年簽署的《朝鮮停戰協定》難言是重大勝利。直至1980年代美國史學界有學者批評當時美國政府危言聳聽的「骨牌理論」（Domino theory），才重新喚起大眾反思參與韓戰的確當性。

　　對蘇聯老百姓而言，韓戰是一場祕密戰爭。在1970年代美蘇緩和以前，蘇聯官方一直拒不承認曾經參與韓戰。冷戰結束後，時任俄羅斯總統葉爾欽批准解禁韓戰機密文件，將蘇軍參戰真相曝光——蘇聯空軍編成「第64航空隊」及派遣MiG-15戰鬥機進駐朝鮮半島，軍人穿著中國軍服、禁止說俄語，飛近「三八線」以免遭美軍俘虜。機密檔案揭露蘇聯空軍於韓戰共出擊19,203次，損失319架MiG-15戰鬥機（Кречетников, 2013）。蘇聯人民對參與韓戰而在他鄉犧牲的紅軍亡魂全不知情，一直被蒙在鼓裡。

3.記者對真相的抉擇

　　電影中的瑪姬是向美國戰地女記者希金斯（Marguerite Higgins, 1920-1966）致敬。她生於香港，在美國攻讀法語和新聞學；起初政治立場左傾，配偶為共產黨黨員，但韓戰爆發後逐漸變得反共。希金斯在韓戰的採訪之路並不平坦，任職的《紐約先驅論壇報》（*New York Herald*）曾經要求她撤離戰場，又面臨軍方對女記者的禁令；不過希金斯最終說服麥克阿瑟（Douglas MacArthur, 1880-1964）讓她留在前線，

打破性別歧視枷鎖。她的報導有流於過分主觀之嫌，包含大量個人觀點、演繹和預測，在業界毀譽參半，但名著*War in Korea: A Woman Combat Correspondent*大受歡迎，令她成為首位奪得普立茲新聞獎的女性。

電影中瑪姬與美軍指揮官屢起衝突，突顯言論自由與國家安全的兩難——前者堅持將長沙里登陸戰如實報導，後者卻擔心這會打擊聯合國軍士氣，助長蘇聯威風；前者相信在言論自由不受約束時，人民便能作出最佳決定，後者認為戰時國民需要展現愛國精神，應將國家安全擺在公民權利之上。現實上，希金斯並非空談理想的左翼分子，她深信「骨牌理論」，亞洲國家會逐漸投向共產陣營，認為美國必須介入韓戰，甚至批評杜魯門（Harry Truman, 1884-1972）總統的軍隊調動過於保守。

即使是領導自由世界的美國，國民的言論自由在戰爭時期也會遭受限制。當「國家安全」面臨威脅時，當權者以「作出最壞的準備」為由，不惜摒棄公民自由，甚至繞過立法和司法機關。當然，以「國家安全」之名打壓異己和公民社會，在專制國家更為常見。

4.當大國子民，真的好嗎？

喜歡韓式男人眼淚和悲情的觀眾，自能從《長沙里之戰：被遺忘的英雄》找到可觀之處——自我犧牲精神、同袍之間患難與共、年輕人尋找存在感……等等。然而戲如人生，何者更為悲壯，往往一言難盡。電影宣傳海報上寫道：

「明知難以倖存，亦願以死成就生命」，對此當之無愧的其實只有結局前的一場撤退中，本來已經逃脫但寧願跑回頭擋著北韓追兵的兩名主角。電影初段，搶灘之前指揮官在艦上給學生兵打氣，說是很快可以完成任務，數天之後在釜山重聚，似乎大家都沒有甘心赴死的烈士意識。說此戰「九死一生」，跟歷史也不盡相近，事實上772士兵當中，陣亡者是129人。說這是「韓戰歷史上一場被遺忘的戰役」，南韓媒體也曾經有類似提法，說登陸艦「門山號」的殘骸在1997年被發現，長沙里之役才得以昭示世人。事實上這發生在1950年9月的戰役早於1951年已經被南韓國防部紀錄在案，1980年倖存老兵就為此成立了退伍軍人組織。

說到賺人熱淚，也不一定只有成弼最後殺身成仁之舉——南韓學生兵搶灘之後在山丘上跟北韓敵軍肉搏，危急之間成弼無可奈何地將一人槍殺，之後細看屍體才發現是一位比自己還年輕的中學生，軍服之下還穿著校服。成弼偷看了北韓小兵放在口袋的遺書，原來是被北韓「共匪」抓兵上戰場，已經被迫槍殺了不少所謂「敵人」；小兵慨嘆「敵人」其實都是同胞，內疚得很，希望戰事能早日結束，返校讀書。

韓戰在朝鮮半島上沒有勝利者。此後牽涉大國博弈的「代理人戰爭」從未止息，造成大量人間悲劇，被操弄的內戰先後在越南、南斯拉夫、烏克蘭、敘利亞等數之不盡的國家爆發，讓人看盡同胞相殘，無數年輕生命白白犧牲。今天不少政權還未面對歷史過錯，反過來試圖將之篡改。平民百

姓應該振臂呼求有一天自己的國家成為「大國」，抑或祈求得以有幸遠離大國政治的悲劇？

中美博弈與俄羅斯幽靈：中東歐國家的取捨

2020年8月美國時任國務卿蓬佩奧（Mike Pompeo, 1963-）出訪中東歐四國，與斯洛維尼亞簽署《5G潔淨網路安全》（5G Clean Network Security）聯合聲明，批評華為設備造成國家安全風險。此前，美國已經跟波蘭、捷克、羅馬尼亞和愛沙尼亞簽署類似協議，禁止華為參與當地通訊網路建設。近年美國積極拉攏中東歐國家「圍堵」中國，皆因中方的地區影響力不斷增強。自2012年起，中國與中東歐16國建立「16+1」機制（2019年希臘加入後變成「17+1」），雙方舉行年度峰會，促進貿易、投資、基建合作。

中東歐國家不應被簡化為鐵板一塊，而是各有取態，既有美國的堅定盟友（波羅的海三國、波蘭），也有親中政權（塞爾維亞、匈牙利）和務實主義者（克羅埃西亞、保加利亞）。當下中美博弈如火如荼，中東歐國家選邊站隊是無可避免嗎？

1.中國承諾信譽成疑

中國進軍中東歐，願景宏大，唯實質經濟效益不似預期，最終招致區內國家失望。2020年4月「17+1」峰會原定於北京舉行，但受疫情影響延遲，而且可能無限期押後，

皆因中東歐國家領袖對此漸失興趣。例如捷克總統齊曼
（Milos Zeman, 1944- ；編按：港譯澤曼）曾埋怨中國信口
雌黃，表示拒絕出席「17+1」峰會。

　　2020年初中國中東歐觀察者網絡（China Observers in
Central and Eastern Europe）發表報告（Karaskova et al.,
2020），指出中東歐國家對中國的貿易逆差在過去15年間
持續增加，2018年貿易赤字額為750億美元，當中八成來自
「維謝格拉德集團」（Visegrád, V4）四國，即捷克、匈牙
利、波蘭和斯洛伐克。中東歐國家對海外資本需求殷切，唯
中國資金未能緩解它們的融資困境。參照美國研究公司榮鼎
集團的數據顯示（Rhodium Group, 2020），過去20年間中國
在歐盟（撇除英國）的外國直接投資達1,260億美元，但中東
歐國家只吸納大約100億美元，當中V4國家獨占55億美元。

　　在「17+1」框架下，中國與中東歐國家達成多項協
議，但大部分無疾而終。羅馬尼亞亞太研究所副所長布
琳札（Andreea Brinza）指出，中國與中東歐國家簽署大
約40個合作項目，目前只有四個項目能順利竣工（Brinza,
2020）。以旗艦項目「匈塞鐵路」為例，2014年中國與匈牙
利和塞爾維亞達成協議，興建高鐵連接布達佩斯與貝爾格萊
德，但其經濟效益成疑，導致多番延誤。2020年4月匈牙利
財政部從中國進出口銀行獲得貸款，匈牙利段終於有望動工
興建。

2.俄羅斯幽靈揮之不去

中國在中東歐的發展塞在瓶頸，除了歸咎於北京承諾過高，投放不足，俄羅斯因素絕對不容忽視。中東歐國家擺脫蘇聯獨立逾30年，但至今仍然活在俄羅斯的陰霾之下，必須依賴美國和北約的安全保障，以抵禦強鄰侵略。

俄羅斯於2008年入侵喬治亞，六年後再吞併克里米亞，為中東歐國家的安全響起隆隆警號。在克里米亞危機中，俄羅斯採取「混合戰」策略，例如開動宣傳機器煽動當地情緒、派遣「小綠人」占領戰略要地、利用核威懾以進為退，讓西方國家無奈接受克里米亞「回歸」俄國的「既成事實」。事實上，礙於北約的軍事運輸和物流體系，俄羅斯在中東歐地區享有軍事優勢，例如俄軍人數三倍於北約駐軍、俄羅斯戰鬥機為北約戰機的六倍，令中東歐國家旦夕憂慮會重蹈烏克蘭覆轍。

為了應對虎視眈眈的俄羅斯，中東歐國家要求北約加強地區軍事存在。北約之中逾半中東歐國家滿足國防預算占本地生產總值2%的標準，包括波羅的海三國、保加利亞、希臘、羅馬尼亞和波蘭（NATO Public Diplomacy Division, 2019）。與此同時，波蘭一度提議建立「川普堡」（Fort Trump）美軍基地、羅馬尼亞部署薩德（THAAD）導彈防禦系統、愛沙尼亞設立北約卓越合作網絡防衛中心（CCDCOE），等等。隨著俄羅斯威脅與日俱增，中東歐國家將更加依賴美國的安全傘。

觀乎各種地緣政經因素，中國進軍中東歐之路絕不平坦。中美「新冷戰」彷彿如箭在弦之際，中東歐國家的選擇不難，必然會將國家安全置於空洞的經濟承諾之上；它們同時關注到中美角力或導致區域出現權力真空，讓俄羅斯有機可乘，這既突顯美國的地緣戰略重要性，也確認俄羅斯「幽靈」始終如影隨形。2022年俄烏戰多開打不足三個月，北京反應敏捷地派遣代表團訪問中東歐八國，嘗試剔除它們對中方偏袒俄羅斯的疑慮。莫斯科對烏開火之前有沒有盤算過，此戰可能為北京在中東歐嘗試再露鋒芒打開了門縫（Fabbri, 2022; Maull, 2022）？

俄羅斯在委內瑞拉危機中的博弈與賭局

　　2019年初，委內瑞拉的憲政危機又一次箭在弦上，馬杜羅（Nicolás Maduro, 1962-）總統一方面禁止美國為首的西方人道物資輸入，另一方面卻歡迎俄羅斯的物資送達；1月下旬一度宣布自己成為臨時代總統、但後來逃赴哥倫比亞的反對派領袖瓜伊多（Juan Guaidó, 1983-）聲稱會號召百萬人到邊境突破封鎖，始終未能成功，軍民衝突卻已釀成數百死傷的悲劇。而更昭然若揭的，是這場危機背後的大國較勁。

　　美國奉行「門羅主義」，主宰西半球，位於拉丁美洲的委內瑞拉自然也被視為其「後花園」的一部分。近年中國積極往拉丁美洲擴張影響力，在委內瑞拉投放巨額投資。表面上俄羅斯較為遜色，但從這次委內瑞拉憲政危機看來，或多

或少能夠左右大局的，不正是俄羅斯嗎？

1.委內瑞拉聯俄抗美中

　　冷戰時期，蘇聯在拉丁美洲的主要盟友是古巴，跟委內瑞拉的關係若即若離。自強人查維斯（Hugo Chávez, 1954-2013）和普丁掌權之後，兩國關係迅速提升。查維斯政府主張外交自主，希望減輕委內瑞拉對美國的依賴。2002年查維斯遭遇政變，他多次指控美國是幕後黑手，銳意建立國際反美聯盟，拉攏俄羅斯協作抗衡。兩年後查維斯訪俄，簽署多項共同發展項目，雙方關係得到實質性進展。

　　自2005年起委內瑞拉與俄羅斯有多筆軍火交易，包括購入24架Su-30戰鬥機、53架米式直升機和10萬支卡拉什尼科夫自動步槍。據俄羅斯技術國家集團估算（Negroponte, 2015），委內瑞拉已從俄國獲得達120億美元的武器裝備。委內瑞拉還容許俄國軍艦和戰機停靠其港口和機場，2008年核巡洋艦彼得大帝號（Peter the Great）和導彈驅逐艦恰巴年科海軍上將號（Admiral Chabanenko）訪問委內瑞拉的拉瓜伊拉港，進行聯合軍事演習；俄羅斯亦曾先後數次派出Tu-160白天鵝戰略轟炸機前往委內瑞拉。

　　委內瑞拉除了借助俄羅斯逐步在軍事上建立抗衡美國的力量之外，還藉此避免過度依賴中國經濟。經濟上，委內瑞拉嘗試拉攏中國以平衡對美國經濟的依賴，例如自2007年以來中國向委內瑞拉貸款逾700億美元，以換取原油出口。不過，自查維斯於2013年逝世後，委內瑞拉一直面臨政治、經

濟及社會危機，中方在商言商，態度變得愈來愈審慎，甚或停止新貸款項目——即使中國不是沒有能力這樣做，也多少受制於美國對委內瑞拉的新制裁措施，禁止向它的國營石油公司提供長期貸款交易，以及對政府投資其他新債務。馬杜羅幾乎必須轉而加強與俄國的關係，平衡態度曖昧的中國。

2.投資委內瑞拉的「賭局」

俄羅斯看重委內瑞拉的地緣政治價值，視之為擴大在拉丁美洲影響力的切入點，是為銳意重拾蘇聯時期具有全球影響力的大國地位的其中一步，希望跟委內瑞拉建立戰略夥伴關係、站穩陣腳之後，進一步發展在拉美和加勒比地區的勢力。除了委內瑞拉外，阿根廷、秘魯、巴西和哥倫比亞都有向俄羅斯購入軍火。

冷戰結束後，美國積極將影響力延伸至俄國的「後花園」，如東歐和中亞地區；北約也向東擴張，將東歐和波羅的海國家納入組織。俄國跟委內瑞拉成為盟友，可謂向美國還以顏色。2008年爆發喬治亞戰爭，背後也牽涉到俄美角力，西方媒體認為俄方借此阻止喬治亞加入北約；同年12月，俄羅斯與委內瑞拉在加勒比海舉行聯合軍事演習，回應美國馳援喬治亞。

固然，俄羅斯在委內瑞拉的經濟影響力有待加強。基於軍火交易的經濟關係效益成疑，大部分軍火帳項最終由俄方貸款支付；俄羅斯國防產品出口公司（Rosoboronexport）透露（Shemetov, 2019），委內瑞拉主要以賒購方式向俄國購

入軍火。俄羅斯在委內瑞拉的投資和貸款至今也比中國資金遜色。

不過，近年馬杜羅政府面對國際孤立和財政崩壞，俄羅斯就乘機增強對委內瑞拉原油的控制，國有石油公司Rosneft與委國國營石油公司PdVSA達成油氣投資項目，以合資企業形式，參與五個共同項目。委內瑞拉授權Rosneft開發兩個天然氣田，為期15年。這兩大氣田儲量達1,800億立方米，Rosneft計劃每年生產高達65億立方米天然氣。2017年，Rosneft向PdVSA提供15億美元貸款，換得後者在美國的子公司Citgo Petroleum 49.9%的股權作擔保，這宗交易令一些美國國會議員大為光火，擔心一旦Rosneft接管了這家在美擁有龐大管道和加油站網路的公司，就是對美國國家安全的威脅。2019年Rosneft每日轉售大約22.5萬桶委內瑞拉原油，占委國出口總量的13%。

當然，莫斯科也得清楚在委內瑞拉的「賭局」不無風險，後者在生意上的紀律劣績斑斑，俄羅斯已經在它數以千億美元計的債務高壓力下，不只一次幫助它避過債務違約危機。

3.莫斯科在談判桌上的位置

儘管委內瑞拉是俄羅斯的戰略夥伴，但克里姆林宮不會出兵為馬杜羅助刀。兩國距離遙遠，俄國派兵將面臨運送和物資補給等技術難題。2019年危機之前莫斯科已經否認會在委內瑞拉部署軍事基地，專家相信俄國難以威脅美國在西

半球的軍事主導地位，在委國設立基地只會成為美軍狙擊對象。

馬杜羅政權存亡的關鍵，始終在於自身軍方的支持。以敘利亞的經驗為例，俄羅斯扶持了阿薩德（Bashar al-Assad, 1965- ；編按：港譯巴沙爾）政權，但俄國在拉丁美洲並沒有如伊朗在中東那樣可靠的盟友協助。近年俄羅斯的經濟也是捉襟見肘，再向遠方派兵，無疑成本太高，難得民眾的支持。俄羅斯想透過委內瑞拉擴展其在拉丁美洲的影響力，但2019年憲政危機時有11個拉丁美洲國家承認瓜伊多為臨時總統，支持馬杜羅的只有玻利維亞和古巴，假如出兵支持馬杜羅政權，莫斯科要承擔開罪其他拉美國家的風險，得不償失。

以2019年憲政危機而言，莫斯科認為其法理依據較美國強，主張以外交手段解決爭議，使美國行動失去合法性；而盛傳甚久會軍事介入的美國，最終按兵不動。儘管2018年委內瑞拉總統大選被指存在舞弊，並遭反對派杯葛，但莫斯科認為馬杜羅始終是由選舉產生的合法總統；反之，瓜伊多由外國勢力扶植，缺乏民意授權。俄國引用國際法的不干預別國內政原則，批評美國違法在委國推動「政權轉移」；中國和土耳其等國都支持俄方說法，但在行動上只有俄羅斯願意扮黑臉。

俄羅斯主張將委內瑞拉危機納入聯合國安理會討論，藉以利用其否決權禁止美國的軍事行動取得國際合法性。2011年，俄羅斯在聯合國安理會放棄動用否決權，默許西方聯軍

空襲利比亞，俄國最終失去重要盟友和經濟利益，這一次它必定會緊記教訓。馬杜羅曾經表示願意跟瓜伊多對話，並提議由第三方國家調停。俄羅斯希望能充當調解員角色，甚至代表委內瑞拉與美國為首的西方勢力談判，這不但可以為馬杜羅爭取時間，更有助俄國將自身在拉美的地位提升至跟美國相若。2019年2月上旬由歐盟率頭主辦的「委內瑞拉問題國際聯絡小組」召開首次會議時沒有讓俄羅斯參與，外長拉夫羅夫措辭特別強硬地譴責，清楚反映了莫斯科在這危機上的策略取向。

美國未能藉2019年的憲政危機拉倒馬杜羅政權。2022年3月初，俄烏戰爭開打不久，馬杜羅總統接見了來訪的美國高級代表團，會後形容會談親切和備受尊重。傳媒引述消息透露，美方可能以放寬制裁作為交換，從委內瑞拉直接進口原油，保證自身的能源供應，以減少對俄羅斯的依賴，並分化委內瑞拉與俄羅斯的盟友關係，但進展甚微。莫斯科在全球牌局中的致勝潛力，實在不容莫視。

普丁黷武，映照東協「不干涉主義」自欺欺人？

說東協（Association of Southeast Asian Nations, ASEAN）是反共尖兵，已經是上個世紀的傳說。今天大家可以看到的東協在踐行、守護著什麼國際關係原則呢？俄羅斯武犯烏克蘭舉世震驚，「以東協為中心」（ASEAN Centrality）的「東協方式」在這個考驗上為什麼又一次各散東西？它們曲

不離口的「不干預原則」如何再一次荒腔走板呢？

早在東協成立之初，「安全不受外來干涉」原則就已經在1967年的《曼谷宣言》（*Bangkok Declaration*）特別提出；1976年《東南亞合作友好條約》（The *Declaration of ASEAN Concord*）作為東協的里程碑也明言「每一個國家都擁有免受外來干預、顛覆、強迫的權利」。「不干預原則」在東協政治菁英的頭腦裡彷彿已經是不可分割的一部分，然而連中國的專家也提出質疑（王小民、劉長安，2001）：當年印尼吞併東帝汶、越南侵占柬埔寨，絕大部分東協成員都沒有仗義執言，難道「不干預原則」就可以讓這些霸凌行為變得合理合法嗎？

如果說，東協真正看重的是「以東協為中心」的區域國家集體主導權，那麼2021年各成員國對於緬甸軍事政變的懦弱反應，是證明了它不過是言過其實？今天的俄烏戰爭遠在天邊，更難奢想有哪位成員會對這些原則認真了嗎？

1.普丁是「佛地魔」？

2022年3月初在聯合國大會召開的緊急特別會議上，有關要求俄軍「立刻、澈底、無條件」撤軍的無約束力決議，以141票贊成、5票反對及35票棄權得以通過。當西方輿論大多認為這場戰爭是黑白分明之際，中國網紅就提醒大家（深喉，2022），在當前的國際氛圍中，能投棄權票的已經很不容易，「棄權」就是強烈表態了；當中，有兩張棄權票來自東協的越南和寮國。

將聯大決議的用詞放一邊，東協各國如何各自表述？在戰爭爆發之後數天，輪任主席國柬埔寨的政府聲明清楚表明要保持「中立」，不會譴責俄羅斯，甚至不會用「入侵」一詞去為俄軍的行動定性；同日，美國駐柬埔寨大使在推特（Twitter）促請東協成員因應俄羅斯危險地莫視國際法和（他國）主權予以譴責。畢竟不論俄軍行動是基於什麼原因，也難以駁倒它明顯違反了聯合國在1970年10月通過的《關於各國依聯合國憲章建立友好關係及合作的國際法原則宣言》（*Declaration on Principles of International Law concerning Friendly Relations and Cooperation among States in accordance with the Charter of the United Nations*），當中有關「不干涉原則」是這樣定明的：「任何國家或國家集團均無權以任何理由直接或間接干涉任何其他國家之內政或外交事務。因此武裝干涉及對國家人格或其政治、經濟和文化要素之一切其他形式之干預或試圖威脅，均係違反國際法。」

　　東協外長對戰事的回應聲明只是弱弱地呼籲雙方克制。泰國和馬來西亞的話語異曲同工，聲明只是關切烏克蘭緊張局勢／衝突，不但沒有用「譴責」和「入侵」字眼，甚至沒有直稱俄羅斯名諱；菲律賓、印尼和汶萊外交部有用譴責性措辭，但同樣沒有提及「俄羅斯」——其實，一直以來都有不少國際輿論以著名魔幻小說《哈利波特》（*Harry Potter*）中「那個名字不能說出來」（ "He who must not be named" ）的大魔頭「佛地魔」（Lord Voldemort）來諷刺俄羅斯和總統普丁；克里姆林宮的頭號異見者納瓦爾尼也是

這樣稱呼普丁的;俄烏戰爭開打之後,烏克蘭官方IG網頁也轉載了一個塗鴉作品,將普丁描繪成「佛地魔」,總統澤倫斯基是哈利波特。不論普丁是瘋癲還是卑劣("Mad or Bad?"),東協諸國官方聲明的「語言藝術」,算不算是在官方層面曲筆「和應」了這一種文化政治想像(House, 2022)?

緬甸軍政府就「理直氣壯」得多:支持俄羅斯的行動,認為它一直在努力維護(自身的)主權,今次做法正確,也展示了俄方在維護世界和平上扮演重要角色。新加坡則展示另一種理直氣壯:外交部聲明強烈譴責俄軍入侵之後數天,宣布聯同其他志同道合的國家對俄羅斯實施制裁;部長維文(Vivian Balakrishnan, 1961-)在國會上說:「強權就是正確」、「強者為所欲為,弱者吃盡苦頭」的世界秩序,徹底抵觸了小國的安全和生存。這種制裁行動是新加坡數十年來的首次,對上一次是1978年制裁越南入侵柬埔寨,清楚地「偏離」了東協的主流態度,但也明確守護著上述的聯合國宣言。

值得一提的是,2月25日87個國家聯署要求聯合國安理會通過決議嚴厲譴責及制止俄軍入侵烏克蘭,還未正式成為東協成員的東帝汶是其中之一,也是唯一一個東南亞國家參與聯署。

2.俄羅斯在東南亞的虛火

如果上述的東協原則不用當真,那麼應該如何理解各

國的態度？現實政治（realpolitik）管用嗎？作為東協的貿易夥伴，俄羅斯幾近微不足道——新冠疫情前的2019年，東協祕書處資料透露，俄羅斯排名遠在第八位（之後更跌至第九），雙邊貿易額只有200億美元，占前者總額0.7%，歐盟和美國跟東協的雙邊貿易額分別是俄羅斯的14倍和13倍有多；俄國在東南亞也幾乎沒有直接投資。國際輿論經常提及的是軍火生意，多年來俄羅斯一直是東南亞最大的供應商；不過這些軍火是整個東南亞總進口量的26%，但單是越南一國就占了六成。美國國家戰爭學院教授阿布扎（Zachary Abuza）也認為，說俄羅斯軍火左右「東南亞」的外交取態，容或誇大；莫斯科當然希望藉此擴大自身的長遠影響力，但不見得從心所欲，加上2018年華盛頓通過《美國敵對國家制裁法案》（*The Countering America's Adversaries Through Sanctions Act*），俄羅斯跟其他國家的軍火生意難免被綁手綁腳。20年前莫斯科就開始經營推銷戰鬥機給印尼和馬來西亞，但一直沒有長足發展，反而2022年2月下旬雅加達消息確認兩宗總值超過200億美元的訂單，目標是法式42陣風戰鬥機和美製F-151D軍機（Nirmala & Neelakantan, 2022）。2006年反戴克辛總理（Thaksin Shinawatra, 1949- ；編按：港譯他信）政變以還，莫斯科一直希望打開泰國這個軍人干政國家的軍火市場，但「大茶飯」（編按：粵語方言，舊指筵席的食物，引申為「油水」、「大買賣」之意）始終欠奉，主要是一些直升機銷售而已；對菲律賓也好不了多少，不外是少量直升機和步槍交易。

這種角度能夠瞄準的似乎只有緬甸和越南。2022年2月下旬聯合國人權委員會收到的專家報告證實（Andrews, 2022），一年前緬甸軍事政變之後，持續對國防軍塔瑪都（Tatmadaw）提供軍備的主要國家是俄羅斯、中國和敘利亞；越南有七至八成軍備來自俄國；而一向在外交、政治上對河內言聽計從的寮國也有四成軍備從俄國進口。三國公然支持或默許俄軍入侵烏克蘭的底蘊，從此或可聊備一格。

除此之外，東協不會對俄羅斯在地緣政治上存有更多幻想吧？對於抗衡中國在區域上愈見強大的勢力，東協固然念茲在茲，一度期望俄羅斯能發揮作用。可惜多年來莫斯科都是口惠而實不至，批評美國的印太戰略時很起勁，但觸及中國與東協最為敏感的南海主權紛爭，就奉行「戰略性中立」。俄羅斯石油公司與越南合作在南海參與油氣開發，最終也抵擋不住北京壓力而暫停鑽探計畫。2021年底印尼跟俄羅斯舉行過聯合軍事演習，但與此同時有印尼國會議員透露，此前不久北京對雅加達發出罕有的外交通告，要求印方停止在中方宣稱擁有主權的南海海域進行油氣鑽探，但那海域一直是印尼的經濟專屬區；兩個月後就是上述的印法美戰鬥機大額交易，信靠的倒不是俄國軍火商。

3.東協不怕被故伎重施？

印尼外交部批評這次俄軍行動時雖然用了譴責性措辭，但同時煞有介事地聲明不會參與西方的制裁行動。從道義的角度看，吉隆坡的反應可能最令人沮喪——2014年馬航

MH17航機空難正是發生在今次戰爭的引爆位置頓涅茨克，以荷蘭方面為主的調查團隊堅信航機是由當地親俄叛軍利用俄方提供的飛彈將之擊落，但東協對責任追究一直噤若寒蟬，近300名無辜死者迄今沉冤未雪。2021年緬甸政變，新加坡不少菁英輿論狠批東協表現優柔寡斷（Siow, 2021）、「以東協為中心」虛有其名（莊嘉穎，2021）。這次俄烏戰爭被視作城門失火，池魚自然懶理，泰國朱拉隆功大學安全與國際問題研究所所長嘲諷曼谷的反應是騎在牆上完全不想下來（黃瑞黎等，2022），畢竟由軍人垂簾聽政的政府自身也劣跡斑斑，門前雪厚就休管他人瓦上霜了——其實這批評何嘗不也適用於東協大部分成員國？

與此同時，新加坡南洋理工大學一位國際關係專家的失望更值深思（Carter, 2022）：東協對捍衛「不干預原則」太過軟弱乏力了吧？長遠而言，東南亞真的沒有遭受池魚之殃之險？如果大家可以容忍一個強國利用對歷史、語言、文化的單方面詮釋而採取軍事行動去侵犯別國的主權平等性，即如今天的俄羅斯，那麼他日會不會有另一個強國故伎重施，宣稱「越南北部的大片領土一千年前其實是我國一個省份」，或者「緬甸果敢地區的主要住民其實是我國族裔」（Abuza, 2022）？最令世人憂慮的當然是南海主權爭議，也是因為相近的「理由」，超過半數東協成員多年來都糾纏其中。

當然有不少東南亞人對美國在國際關係上的態度和行徑不以為然，但新加坡東南亞研究所（ISEAS）權威的年度報

普丁的圍城心理學：「地緣政治」過時？

　　俄國近現代史名家里博（Alfred Rieber, 1931-）的分析發人深省：俄羅斯流動的邊界對領導人產生了持續的不安全感，成為影響其政策的重要歷史因素（Rieber, 2007）。自莫斯科公國建立以來，由於邊界界定不清和不穩定，俄羅斯帝國一直備受瑞典帝國、鄂圖曼帝國和滿清帝國等鄰邦的嚴峻安全威脅。因此，沙俄向東南歐和中亞等地進行大規模領土擴張，旨在建立戰略緩衝區和阻隔敵對勢力的威脅。儘管蘇聯繼承了領土擴張的政策，但在它解體後，東歐、波羅的海、南高加索和中亞的前蘇聯加盟共和國紛紛獨立。由於失去大量領土，俄羅斯重臨四面楚歌之境，尤其是北約和歐盟等西方組織逐漸向東擴張，與此同時，莫斯科又被西方陣營拒諸門外。

　　在某種意義上，這種圍城心態解釋了俄羅斯的國內政治變遷、歐亞融合大計和全球地緣戰略。活在「外部勢力」的陰霾下，俄羅斯於國內實行威權統治，對反對派和異見人士嚴加整肅，以維護政權和社會穩定。然而，普丁的「可控式民主」一直面對各種反對聲音，而且追求政治穩定的代價很可能是放棄變革和創新，導致整個制度的可持續性備受懷

疑（參看第二章）。莫斯科的區域融合策略側重軍事安全多於經濟考慮，所以歐亞經濟聯盟的建立主要是為了重振區域霸主地位和排除其他大國的影響力，而不是與其他成員國實現共同經濟發展（王家豪、羅金義，2021b）。對於執意投向西方陣營的烏克蘭，俄羅斯狠下決心展開「特別軍事行動」，令它幾成廢墟。當歐亞經濟聯盟的成員國面臨國內外政治挑戰時，莫斯科則樂意提供政治和軍事援助，避免其他勢力有機可乘（參看第四章）。面臨被西方勢力包圍的局面，俄羅斯積極尋求突破及介入其他區域的事務，藉以拓展國際影響力，並且與美國為首的西方陣營討價還價，確保大國的國家利益得到保障（參看第六章）。儘管近年俄羅斯銳意「向東轉」（王家豪、羅金義，2021a），跟中國加強戰略合作，但在中美矛盾加劇的後疫情時代，莫斯科似乎更熱衷於擔起「造王者」的角色（參看第五章）。然而，俄烏戰爭會令克里姆林宮的雄圖大略遭受什麼衝擊？將來要面對被迫妥協甚或倒退的壓力？

2014年俄羅斯吞併克里米亞，時任美國國務卿凱瑞（John Kerry, 1943- ；編按：港譯克里）曾經慨嘆：「在現今社會，你（俄羅斯）不會按照19世紀的思維行事，以完全捏造的藉口入侵另一個國家」（Dunham, 2014）。凱瑞的想法背後假設，地緣政治在全球化時代下已經變成過時理念，取而代之的是經濟相互依賴和全球規範，也暗示了俄羅斯沒有像西方國家一樣與時俱進。這種在美國盛行的新自由主義論調，反過來被現實主義者視之為過於理想化，漠視了國際

體系中的無政府狀態的客觀事實，以及國家為求生存而不斷追求權力所釀成的大國政治悲劇（Mearsheimer, 2014）。由此，米爾斯海默曾斷言烏克蘭危機是西方的錯誤，並且建議美國放棄把基輔納入西方陣營和使之變成中立國，皆因華府有可能需要俄羅斯協助抗衡急速崛起的中國。

雖然現實主義者渲染小國必遭大國吞噬的宿命論，但其提出的妥協方案無疑從美國和俄羅斯的共同利益出發，說不定也是在克里姆林宮的盤算之內，讓普丁低估了西方陣營對烏克蘭的支持和面對危機時的團結。在俄羅斯承認頓涅茨克和盧甘斯克獨立之前，普丁召開聯邦安全委員會會議，會議上副主席梅德韋傑夫便強調西方國家遲早會厭倦對立的緊張局勢，然後它們會要求俄方就戰略安全問題恢復對話（The Kremlin, 2022）。說到底，俄羅斯與美國對現今國際關係的理解、期望和對方的國際觀南轅北轍，正是雙方屢次爆發地緣政治衝突的根本原因（參看第三、五章）。再者，如何評估西方的團結，因人因時因事而異。例如在俄烏戰爭首當其衝的澤倫斯基，開打之後三個月就一度「炮轟」歐洲國家在支持烏克蘭抗俄作戰上團結不足。

普丁的「帝國夢」到底從何處來，又將往何處去？也是人言人殊。一度被西方輿論盛傳為「普丁大腦」的極右民族主義學者亞歷山大・杜金（Aleksandr Dugin, 1962-）在俄烏戰爭爆發之後曾經這樣「批評」普丁，頗堪玩味：如果說，普丁讀過他在1997年出版的名著*Foundations of Geopolitics*之後已然成竹在胸，決心以窮兵黷武之法復興俄羅斯，那麼要

到17年之後才用兵吞併克里米亞，是不是太慢了？普丁擁有絕對權力，而俄羅斯人活在一個由下而上的皇朝社會——不是普丁強加威權管治給俄羅斯人，而是俄羅斯人要求普丁要加強威權管治。普丁的復興之路歷時太長，令大家有點失望（60 Minutes Overtime, 2022）。

　　《孫子兵法》有云：「上兵伐謀，其次伐交，其次伐兵，其下攻城」。上述杜金之言容或誇大（一如他被視為「國師」也不無言過其實之嫌），但至少提醒大家應該注意普丁今天要走到「攻城」下著，此前到底經過一個何等複雜的歷程（參看第三章）？而專制管治者跟人民的關係也不一定如此簡單而單向，一定程度上確認了《普丁對人民》的論說（參看第二章）。普丁即位只是幾年，莫斯科國立國際關係學院的兩位政治學教授就幾近道破天機：俄羅斯正面臨著國家認同的問題，也是現實主義和自由主義的外交路線之爭，需要在不惜代價來捍衛大國地位和滿足於成為富裕的普通國家之間，作出抉擇（Shakleina & Bogaturov, 2004）。18年過去，大家算不算已經看清楚普丁顯然選擇了前者？他是矢志讓俄羅斯再次變得強大起來，但現實種種確是挑戰重重。俄羅斯正式承認頓涅茨克和盧甘斯克的主權之後，普丁曾經這樣說：「我們預視到這決定會引起流言蜚語，說俄羅斯正在將帝國復興，而這絕對不是真確的。」為什麼普丁要如此煞有介事地否認復興帝國的夢想？耐人尋味。

　　跟俄羅斯「情同手足」（或者是「難兄難弟」）的中國，在差不多同一段時期的發展也給專家相近的研判——英

國倫敦經濟學院教授威廉・卡拉漢（William Callahan）認為，崛起後的中國，外交政策的核心並不是國家安全的困局，而是身分認同的困局（Callahan, 2010）。

西方輿論將俄國武犯烏克蘭形容為二次大戰以還最大規模的歐洲戰爭，但當中又有多少深刻地反思這百年來的歐洲歷史跟這場衝突的關係？牛津大學歐洲研究教授提摩西・艾許（Timothy Garton Ash, 1955-；編按：港譯提莫西・艾什）在俄國揮軍前夕提醒大家，令人眼花撩亂的也許不過是普丁的種種招數，但他的目的其實清楚、一貫，就是恢復東歐作為蘇聯的勢力範圍，而那是1945年雅爾達會議上美國羅斯福（Frankin Roosevelt, 1882-1945）與英國邱吉爾（Winston Churchill, 1874-1965）對史達林的許諾；所謂重建歐洲的民主體制，是跨大西洋聯盟對西方的任務。今天西方輿論喋喋不休地說著歐洲是由一個個獨立主權國家組成，而每個國家都可以自由選擇自己的聯盟，其實是在「背誦」1975年的《赫爾辛基協議》（*Helsinki Accords*），即歐洲安全與合作組織的依據。那麼，美歐算是推翻了雅爾達模式了嗎？它是在什麼時候、國際社會經歷過什麼談判協商過程而被推翻的呢？美歐是齊心一致地去執行《赫爾辛基協議》嗎？如果是，為什麼烏克蘭苦候加入北約多年來只聞樓梯響？只要美歐繼續在「雅爾達」和「赫爾辛基」兩套歐洲觀（以至世界觀）之間三心兩意各懷異志，普丁自然可以為他的「帝國夢」找到站穩腳跟「合理性」（Ash, 2022）。

俄羅斯人常被形容為過於重視短期利益，是真的嗎？

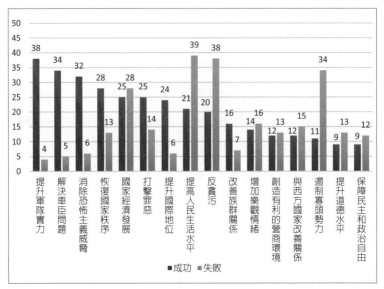

圖7.普丁領導俄羅斯的成功與失敗

資料來源：列瓦達中心（Levada Center, 2021d）

2021年列瓦達中心曾經進行民調（Levada Center, 2021d），探討民眾如何看待普丁執政期間的主要成敗，結果是他被認為成功改革和提升軍隊實力、解決車臣問題和消除恐怖主義威脅，但對於遏制寡頭巨賈勢力、打擊貪汙和改善人民生活水平方面，卻是一籌莫展。畢生奮力批判蘇共政治而被譽為「俄羅斯最後的良知」、普丁甚是敬重的諾貝爾文學獎得主索忍尼辛（Aleksander Solzhenitsyn, 1918-2008）在新俄羅斯成立之初曾經在名篇〈我們怎樣建設俄羅斯？〉（Rebuilding Russia: Reflections and Tentative Proposals）中這樣說：「我們沒有力量去建造一個帝國！而且我們不需要它，它會在我們的肩膊上滾下來：它在粉碎我們，把我們吸

乾，加速我們滅亡。」對普丁帝國野心大加撻伐的科列斯尼科夫（他也是莫斯科卡內基中心的高級研究員）提出一種比照，或也值得反思：三百年前的彼得大帝是一個現代化推手，今天的俄羅斯總統卻對現代化倒行逆施（Kolesnikov, 2022）。需要大家思考的是，克里姆林宮渲染的圍城心態、孤立主義和大國雄圖將對國家的長遠發展帶來什麼影響？「後普丁時代」終有一天會來臨，在他退位之後，俄羅斯人的「帝國夢」會是黃粱夢醒，抑或始終盛行不衰？

後記

　　這裡的部分章節，最初以時事評論的方式在香港和臺灣的媒體登載過，包括《立場新聞》、《明報・星期日生活》、《明報・觀點》、《亞洲週刊》、《信報》、《眾新聞》、《轉角國際》、《關鍵評論網》等等，在此感謝各位編輯的提點和指教。這系列的文章最終得以集結成書，絕對有賴羅金義教授的縫紉和整理工作，還有秀威出版社的鼎力支持。在攻讀博士的漫長過程中，這本書的出版可算是苦中一點甜。

　　本書第四章的第五和第六篇出自香港國際問題研究所中亞事務研究員孫超群的尚佳手筆（經作者少量改編和整理）。感謝他的慷慨，令本章的視野得以完整地涵蓋整個歐亞經濟聯盟。此外，《絲綢之路經濟帶，歐亞融合與俄羅斯復興》和《俄羅斯「向東轉」：東亞新勢力？》面世之初，超群亦曾撰寫書評給予鼎力支持，我們實在萬分感激。

　　在俄烏戰爭的「大時代」裡出版著作，我的心情其實是挺矛盾的。作為研究俄羅斯的學者，有機會把書本獲得的知識學以致用、將平常研究的東西傳達給更多受眾，我自然感到無比幸運。此外，俄羅斯研究忽然受到廣泛的關注，也使我毅然留學俄國的決定彷彿變得「理所當然」，即使這是我

在六年前到莫斯科讀書時沒有預想到的。其實,我從當時到現在只有一個簡單和純粹的初衷,就是親身了解俄羅斯人如何看這個世界。不過,我同時了解到自己的「幸運」是建基在很多人的痛苦身上,包括飽受戰火摧殘的烏克蘭人,以及無辜受到牽連的俄國人。

這裡探討的議題較少涉及道德的判斷,反而透過提出「如何」和「為什麼」的質問,嘗試保持客觀去審視當地形勢發展。它的原意不是提供一錘定音的專家說法,反而盼望為華文讀者提供多一個渠道了解俄羅斯的視角,讓大家能更多換位思考、覺察城內人的想法。

最後,謹此祝願世界和平!

王家豪

＊ ＊ ＊ ＊ ＊ ＊ ＊ ＊

感謝王耀宗兄和何燿光兄為本書賜序。有關後共產主義政治與國際關係研究,兩位前輩專家多年來嘉惠後學,令聞遠播,我們都是獲益良多的其中二人。現在得到他們的謬讚與支持,實在既汗顏,復感動。

這是第三本輔助王家豪學弟出版有關俄羅斯政情的著作。正如家豪在第一本《絲綢之路經濟帶,歐亞融合與俄羅斯復興》的〈後記〉所言,一切都是意想不到的。著手寫這些評論文章之初,壓根兒就沒有成書的打算,結果無心

插柳柳成蔭。到了寫第二本《俄羅斯「向東轉」：東亞新勢力？》，問題意識和計畫倒是有的；但《俄》剛剛面世，就有研究國際關係的著名學者「關心」我們，問「出版這些東西，有人看的嗎？」結果，《絲》和《俄》都登上不同的暢銷書榜；第三組文稿也再次得到秀威出版社的青睞。感謝媒體平台和出版社的編輯由始至終不嫌不棄不計得失地支持，讓我們下筆之際只顧信念，不謀利欲。

因為大家都知道的理由，上面提及的媒體平台，當中有一些已經不復存在。謹此跟暫時退下火線的媒體朋友報告：有很多人依然在香港筆耕不輟，責不離心；只要香港人還相信自己是全球公民的一員，就要對國際事務用心關注，認真評論。那天重讀星雲大師法語，提醒大家「人必自重，而後人重之。」願與同心同德的朋友共勉。

羅金義

參考文獻

中文部分

王小民、劉長安（2001）：〈東盟不干涉內政原則：過去與未來〉，《東南亞研究》，2001年第1期，https://wenku.baidu.com/view/350a192a3169a4517723a353.

王家豪、羅金義（2021a）：《俄羅斯「向東轉」：東亞新勢力？》，香港：香港城市大學出版社。

王家豪、羅金義（2021b）：《絲綢之路經濟帶，歐亞融合與俄羅斯復興》，臺北：新銳文創（秀威資訊）。

王家豪、羅金義（2020a）：〈普京在編寫哪個永續執政的劇本？〉，《關鍵評論網（香港）》，2020年1月18日，https://www.thenewslens.com/article/130239

王家豪、羅金義（2020b）：〈「天下制裁」：俄羅斯大國夢難圓？〉，《明報》（香港），2020年6月26日。

宋興洲（2021）：〈從「新古典現實主義」看俄羅斯與中國結盟與不結盟──《俄羅斯「向東轉」》讀後〉，https://bit.ly/3a1sgjm。

明報專訊（2022）：〈俄「切香腸」吞併擴勢力〉，《明報》（香港），2022年2月23日。

俄羅斯衛星通訊社（2020）：〈俄信用評級機構ACRA警告：俄羅斯可能爆發新一輪經濟危機〉，《俄羅斯衛星通訊社》，2020年3月11日，https://big5.sputniknews.cn/20200311/1030970816.html。

麥克李（2022）：〈「戰爭不會爆發」：為何眾多專家都誤判了俄羅斯入侵烏克蘭事件？〉，《端傳媒》，2022年2月26日，https://theinitium.com/article/20220226-opinion-russia-ukraine-war-wrong-prediction/。

深喉（2022）：〈聯合國大會譴責俄羅斯，為什麼這35個國家投了棄權票？〉，《星島網》，2022年3月5日，https://bit.ly/3uUzRbj。

曾國祥、劉佳昊主編（2022）：《帝國與文明：政治思想的全球轉向》，臺北：聯經。

莊嘉穎（2021）：〈緬甸軍事政變，替「不干涉內政」的東協與最大外資新加坡帶來進退兩難的挑戰〉，《關鍵評論網》，2021年2月18日，https://www.thenewslens.com/article/147432。

路透社中文國際短訊（2014）：〈奧巴馬諷刺普京 稱俄為「區域強國」〉，《路透社》，2014年3月26日，https://www.reuters.com/article/obama-putin-regional-power-picture-0326-idCNCNEA2P07W20140326。

黃瑞黎等（2022）：〈「我們站在自己這邊」：為何一些亞洲國家不願譴責俄羅斯〉，《紐約時報中文網》，2022年3月3日，https://cn.nytimes.com/world/20220303/asia-russia-ukraine-war/zh-hant/。

盧伯華（2020）：〈俄用S400操弄中印衝突 陸網：遭普丁背後捅一刀〉，《中時新聞網》2020年9月18日。https://www.chinatimes.com/realtimenews/20200918000085-260407?chdtv。

儲百亮（2013）：〈習近平警告中共記取前蘇聯教訓〉，《紐約時報中文網》，2013年2月15日，https://cn.nytimes.com/world/20130215/c15xi/zh-hant/。

英文部分

60 Minutes Overtime (2022). "Aleksandr Dugin: The far-right theorist behind Putin's plan." *60 Minutes, CBS*. Retrieved from https://www.youtube.com/watch?v=Du7fOoW_euE.

Abuza, Zachary (2022). "What Russian aggression in Ukraine means for Southeast Asia." *Radio Free Asia*. Retrieved from https://www.rfa.org/english/commentaries/russia-ukraine-seasia-02232022072643.html.

AFP (2022). "Putin Compares His Actions to Peter the Great's Conquests." *The Moscow Times*. Retrieved from https://www.themoscowtimes.com/2022/06/09/putin-compares-his-actions-to-peter-the-greats-conquests-a77960.

AFP (2020). "Putin Thanks Russians for 'Support and Trust' After Vote." *The Moscow Times*. Retrieved from https://www.themoscowtimes. com/2020/07/02/putin-thanks-russians-for-support-and-trust-after-vote-a70763.

Altukov, Sergey et al. (2020). "Roman Abramovich and his principles of management." *Sport in Society,* 23 (9): 1546-1559.

Andrews, Thomas (2022). "Myanmar: UN expert urges Security Council resolution to stop weapons fueling spike in military attacks on civilians." United Nations Human Rights Office of the High Commissioner. Retrieved from https://www.ohchr.org/en/press-releases/2022/02/ myanmar-un-expert-urges-security-council-resolution-stop-weapons-fueling?LangID=E&NewsID=28142.

Ash, Timothy Garton (2022). "Putin knows exactly what he wants in eastern Europe - unlike the west." *The Guardian*. Retrieved from https://www. theguardian.com/commentisfree/2022/jan/31/putin-russia-eastern-europe-ukraine.

Aslund, Anders (2009). "The Hunt for Russia's Riches." *Foreign Policy*. Retrieved from https://foreignpolicy.com/2009/10/20/the-hunt-for-russias-riches/.

Astapenia, Ryhor (2014). "How the Belarusian Political System Works?" *Belarus Digest*. Retrieved from https://belarusdigest.com/story/how-the-belarusian-political-system-works/.

Astrasheuskaya, Nastassia (2022). "Kazakhstan's former intelligence chief arrested on suspicion of treason." *Financial Times*. Retrieved from https://www.ft.com/content/3ac83202-1170-4b60-89f8-5e25549ddab3.

Balzer, Harley (2003). "Managed Pluralism: Vladimir Putin's Emerging Regime." *Post-Soviet Affairs* 19 (3), 189-227.

Baunov, Alexander (2020). "The main goal of the vote is for Putin to go directly to the people for an extension of his legitimacy." *Twitter*. Retrieved from https://twitter.com/baunov/status/1278313190535946241.

Belanovsky, Sergey & Nikolskaya, Anastasia (2020). "The ideology of political opposition in Russia." *Riddle*. Retrieved from https://ridl.io/en/the-ideology-of-political-opposition-in-russia/.

Belton, Catherine (2020). *Putin's People: How the KGB Took Back Russia and Then Took on the West.* New York: Farrar, Straus and Giroux.

Bennhold, Katrin & Tankersley, Jim (2022). "Ukraine War's Latest Victim? The Fight Against Climate Change." *The New York Times.* Retrieved from https://www.nytimes.com/2022/06/26/world/europe/g7-summit-ukraine-war-climate-change.html.

Bogaturov, Alexei, D. (2017). *International Relations and Russian Foreign Policy.* Moscow: Aspect.

Bohdan, Siarhei (2012). "Are There Any Oligarchs in Belarus?" *ODB Brussels.* Retrieved from https://odb-office.eu/policy-briefs/are-there-any-oligarchs-belarus.

Brinza, Andrea (2020). "Central and Eastern Europe Is Not in Bed With China." *The Diplomat.* Retrieved from https://thediplomat.com/2020/07/central-and-eastern-europe-is-not-in-bed-with-china/.

Browder, Bill (2022). "Taking on Putin: From the Magnitsky Act to Resisting Russia's War on Ukraine." *University College of London.* Retrieved from https://www.ucl.ac.uk/european-institute/events/2022/jun/taking-putin-magnitsky-act-resisting-russias-war-ukraine.

Brzezinski, Zbigniew (1997). *The Grand Chessboard: American Primacy and Its Geostrategic Imperatives.* New York: Basic Books.

CABAR Editorial (2020). "'Seeking a job': How Coronavirus Affected Migrants from Central Asia." *Central Asian Bureau for Analytical Reporting.* Retrieved from https://cabar.asia/en/seeking-a-job-how-coronavirus-affected-migrants-from-central-asia.

Callahan, William A. (2010). *China: The Pessoptimist Nation.* New York: Oxford University Press.

Carter, Leah (2022). "Ukraine conflict: What's behind Southeast Asia's muted response?" *Deutsche Welle.* Retrieved from https://www.dw.com/en/ukraine-conflict-whats-behind-southeast-asias-muted-response/a-61039013.

Courtney, William & Wilson, Peter (2022). "Russia May Underestimate Ukriane and NATO." *The Moscow Times.* Retrieved from https://www.themoscowtimes.com/2021/12/27/russia-may-underestimate-ukraine-andnato-a75933.

Dalziel, Stephen (2001). "Spectre of Kursk haunts Putin." *BBC News*. Retrieved from http://news.bbc.co.uk/2/hi/europe/1487112.stm.

Danks, Catherine (2009). *Politics Russia*. London: Routledge.

De Waal, Thomas (2005). "The Nagorny Karabakh conflict: Origins, dynamics and misperceptions." *Accord* 17. Retrieved from https://www.c-r.org/accord/nagorny-karabakh/nagorny-karabakh-conflict-origins-dynamics-and-misperceptions.

Diffenbaugh, Noah & Burke, Marshall (2019). "Global warming has increased global economic inequality." *Proceedings of the National Academy of Sciences of the United States of America*. Retrieved from https://www.pnas.org/doi/10.1073/pnas.1816020116.

Dorokhov, Vladimir (2020). "Sociologist: Lukashenka and Tikhanovskaya could not get 50% plus 1 vote." *Deutsche Welle*. Retrieved from https://www.dw.com/ru/a-55131952.

Doyle, Jack (2016). "The Submarine Disaster that Blew Up in Putin's Face." *OZY*. Retrieved from https://www.ozy.com/flashback/the-submarine-disaster-that-blew-up-in-putins-face/71756/.

Dreyer, Nicolas (2018). "Genocide, Holodomor and Holocaust Discourse as Echo of Historical Injury and as Rhetorical Radicalization in the Russian-Ukrainian Conflict of 2013-18." *Journal of Genocide Research* 20 (4), 545-564.

Dunham, Will (2014). "Kerry condemns Russia's 'incredible act of aggression' in Ukraine." *Reuters*. Retrieved from https://www.reuters.com/article/us-ukraine-crisis-usa-kerry-idUSBREA210DG20140302.

Dzyadko, Tikhon (2022). "The former head of Nazarbayev's security told how the ex-president's clan could provoke pogroms in Almaty." *Tvrian.ru*. Retrieved from https://tvrain.ru/teleshow/vechernee_shou/eks_glava_ohrany-545369/.

The Economist (2019). "Why Russia is ambivalent about global warming." *The Economist*. Retrieved from https://www.economist.com/europe/2019/09/19/why-russia-is-ambivalent-about-global-warming.

Edelman (2019). "2019 Edelman Trust Barometer: Global Report." *Edelman Trust*

Barometer. Retrieved from: https://www.edelman.com/sites/g/files/aatuss191/files/2019-02/2019_Edelman_Trust_Barometer_Global_Report_2.pdf.

Egan, Matt (2020). "Why Russia and Vladimir Putin are waging an oil war with America." *CNN Business*. Retrieved from https://edition.cnn.com/2020/03/10/business/russia-us-shale-oil-putin-opec/index.html.

Enerdata (2021). "Energy Intensity." *World Energy and Climate Statistics*. Retrieved from https://yearbook.enerdata.net/total-energy/world-energy-intensity-gdp-data.html.

Fabbri, Valerio (2022). "China in a Dilemma over its Support to Russia?" *Modern Diplomacy*. Retrieved from https://moderndiplomacy.eu/2022/05/ 10/china-in-a-dilemma-over-its-support-to-russia/.

Fitzpatrick, Sheila (2017). "Red Famine by Anne Applebaum review - did Stalin deliberately let Ukraine starve?" *The Guardian*. Retrieved from https://www.theguardian.com/books/2017/aug/25/red-famine-stalins-war-on-ukraine-anne-applebaum-review.

Fitzpatrick, Sheila (1994). *Stalin's Peasants: Resistance and Survival in the Russian Village after Collectivization*. New York: Oxford University Press.

FOM (2022). "Ukriane." Retrieved from https://fom.ru/Politika/14706.

France-Presse, Agence (2017). "Putin says climate change is not man-made and we should adapt to it, not try to stop it." *South China Morning Post*. Retrieved from https://www.scmp.com/news/world/russia-central-asia/article/2083650/trump-vladimir-putin-says-climate-change-not-man-made.

Golts, Alexander (2011). "Protectors of Putin's vertical: Russian power ministries before the 2011-2012 elections." *FIIA Briefing Paper 86*. Retrieved from https://www.files.ethz.ch/isn/132770/bp86.pdf.

Gotev, Georgi (2022). "Europe voices concern over unrest in Kazakhstan." *Euractiv*. Retrieved from https://www.euractiv.com/section/central-asia/news/europe-voices-concern-over-unrest-in-kazakhstan/.

Goldstein, Steven M. (2010). "Chinese Perspectives on the Origins of the Korean War: An Assessment at Sixty." *International Journal of Korean Studies* 14 (2), 45-70.

Greene, Samuel & Robertson, Graeme (2019). *Putin v. the People: The Perilous Politics of a Divided Russia*. New Haven: Yale University Press.

Guy, Jack & Chernova, Anna (2022). "Why May 9 is a big day for Russia, and what a declaration of war would mean." *CNN*. Retrieved from https://edition. cnn.com/2022/05/03/europe/russia-victory-day-explainer-intl/index.html.

Hale, Henry E. (2010). "Eurasian Polities as Hybrid Regimes: The Case of Putin's Russia." *Journal of Eurasian Studies* 1 (1): 33-41.

Higgins, Andrew (2022). "In Kazakhstan, Putin Again Seizes on Unrest to Try to Expand Influence." *The New York Times*. Retrieved from https://www. nytimes.com/2022/01/06/world/asia/kazakhstan-putin-russia.html.

Hirsch, Artem (2020). "Kudrin gave a forecast for Russia's development at current oil prices." *Vedomonsti.ru*. Retrieved from https://www.vedomosti. ru/finance/articles/2020/03/12/825031-kudrin-rasskazal-o-posledstviyah-dlya-rossii.

House, Alan (2022). "Mad or Bad? A deep dive into Putin's psyche." *The Guardian*. Retrieved from https://www.theguardian.com/world/2022/mar/08/mad-or-bad-a-deep-dive-into-putins-psyche.

ITC of Moscow (2021). "Primakov Readings: China's role on the world stage." *Moscow World Trade Center*. Retrieved from https://wtcmoscow.ru/ company/news/996/.

Johnson, Christopher K., & Kennedy, Scott (2015). "China's Un-Separation of Powers: The Blurred Lines of Party and Government." *Foreign Affairs*. Retrieved from https://www.foreignaffairs.com/articles/china/2015-07-24/ chinas-un-separation-powers.

Jones, Seth G. (2022). "Russia's Possible Invasion of Ukraine." *Center for Strategic & International Studies*, Retrieved from https://www.csis.org/analysis/russias-possible-invasion-ukraine.

Jonson, Lena, & White, Stephen (2012). *Waiting For Reform Under Putin and Medvedev*. London: Palgrave Macmillan.

Karaskova, Ivana et al. (2020). "Empty Shell No More: China's Growing Footprint in Central and Eastern Asia." *China Observers in Central and Eastern Europe*. Retrieved from https://chinaobservers.eu/wp-content/uploads/2020/04/ CHOICE_Empty-shell-no-more.pdf.

Kashin, Vasily (2019). "The West and Russian-Chinese Relations: Stages of Denial." *Valdai Discussion Club*. Retrieved from https://valdaiclub.com/a/

highlights/the-west-and-russian-chinese-relations/.

Kas'ianov, Georgii (2011). "The Holodomor and the Building of a Nation." *Russian Social Science Review* 52 (3), 71-93.

Kazakevich, Andrey (2020). "Only 24.9% of Belarusians are ready to preserve the sovereignty of Belarus even at the cost of reducing the standard of living." *thinktanks.by*. Retrieved from https://thinktanks.by/publication/2020/07/25/ sohranit-suverenitet-belarusi-dazhe-tsenoy-snizheniya-urovnya-zhizni-gotovy-lish-249-belorusov.html.

Kirk, Michael (2017). "Gleb Pavlovsky: Former adviser to Vladimir Putin." *FRONTLINE*. Retrieved from: https://www.pbs.org/wgbh/frontline/ interview/gleb-pavlovsky/#highlight-922-932.

Kiselyov, Dmitry (2022). "The West Wants to "Cancel" Victory Day over Nazi Germany." *Vesti*. Retrieved from https://www.vesti.ru/article/2705237.

Kislov, Daniil (2022). "The reason for the chaos in Kazakhstan is not protests, but a desperate struggle for power between clans." *Fergana*. Retrieved from https://fergana.media/articles/124571/.

Kloop Editorial Board (2021). "How candidates 'Birimdik', 'Mekenim Kyrgyzstan' and 'Mekenchil' go to the Gorkenesh elections." *Kloop*. Retrieved from https://kloop.kg/blog/2021/03/22/kak-kandidaty-birimdik-mekenim-kyrgyzstan-i-mekenchil-idut-na-vybory-v-gorkeneshi/.

Kokorin, Alexey & Korppoo, Anna (2017). "Russia's Ostrich Approach to Climate Change and the Paris Agreement." *CEPS Policy Insight*, No. 2017-40. Retrieved from: http://aei.pitt.edu/92744/1/PI_2017-40_Russian_ Climate_Policy_Kokorin_Korppoo_0.pdf.

Kolesnikov, Andrei (2022). "Putin the Emperor: From Annexing Crimea to Restoring the Empire." *Russia.Post*. Retrieved from https://russiapost.net/ politics/putintheemperor.

Kolesnikov, Andrei (2018). "Is Putin Less Popular?" *Carnegie Endowment for International Peace*. Retrieved from: https://carnegiemoscow. org/2018/10/10/is-putin-less-popular-pub-77461.

The Kremlin (2022). "The President held a meeting of the Russian Federation Security Council at the Kremlin." *Official network resources, President of Russia*. Retrieved from http://en.kremlin.ru/events/president/news/67825.

Kramarenko, Alexander (2022). "Geopolitics of Ukrainian question: how lethal is it?" *Russian International Affairs Council*. Retrieved from https://russiancouncil.ru/analytics-and-comments/analytics/geopolitika-ukrainskogo-voprosa-naskolko-letalno/?sphrase_id=90536934.

Lam, Willy Wo-Lap (2017). "The Agenda of Xi Jinping: Is the Chinese Communist Party Capable of Thorough Reforms?" In *Routledge Handbook of the Chinese Communist Party*. London: Routledge.

Lane, David & Samokhvalov, Vsevolod (Ed.) (2015) *The Eurasian Project and Europe: Regional Discontinuities and Geopolitics*. London: Palgrave Macmillan.

LaMonica, Gabe (2014). "MaCain calls Russia a 'Gas Station'." *CNN Politics*. Retrieved from https://politicalticker.blogs.cnn.com/2014/04/22/mccain-calls-russia-a-gas-station/.

Larin, Victor (2021). "Presenting the rubric (Two significant dates: 100 years of the Communist Party of China and 20 years of the Russian-Chinese Treaty on Good Neighborliness, Friendship and Cooperation)." *Russia and the Asia-Pacific Region*. Retrieved from https://cyberleninka.ru/article/n/predstavlyaya-rubriku-dve-znamenatelnye-daty-100-let-kommunisticheskoy-partii-kitaya-i-20-let-rossiysko-kitayskomu-dogovoru-o.

Latukhina, Kira (2022). "Konstantin Kosachev: Russia's solo in defense of the truth is not a sign of loneliness." *Rossiyskaya Gazeta*. Retrieved from https://rg.ru/2022/05/09/konstantin-kosachev-solo-rossii-v-zashchitu-pravdy-ne-priznak-odinochestva.html.

Levada Center (2022a). "Ukriane and Donbass." Retrieved from https://www.levada.ru/2022/02/24/ukraina-i-donbass-2/.

Levada Center (2022b). "Putin's Approval Rating." Retrieved from https://www.levada.ru/en/ratings/.

Levada Center (2022c). "Approval of Institutions, Ratings of Parties and Politicians". Retrieved from https://www.levada.ru/2022/03/30/odobrenie-institutov-rejtingi-partij-i-politikov/.

Levada Center (2022d). "Conflict with Ukraine." Retrieved from https://www.levada.ru/2022/04/28/konflikt-s-ukrainoj-i-otvetstvennost-za-gibel-mirnyhzhitelej/.

Levada Center (2021a). "Russian-Ukrainian Relations." Retrieved from https://www.levada.ru/2021/12/17/rossijsko-ukrainskie-otnosheniya-10/.

Levada Center (2021b). "Ukraine and Donbass." Retrieved from https://www.levada.ru/2021/04/15/ukraina-i-donbass/.

Levada Center (2021c). "Nostalgia for the USSR." Retrieved from https://www.levada.ru/2021/12/24/nostalgiya-po-sssr-3/.

Levada Center (2021d). "The Balance of Achievements and Failures of Putin." Retrieved from https://www.levada.ru/2021/04/08/balans-dostizhenij-i-neudach-putina/.

Levada Center (2020a). "Constitutional Amendments." Retrieved from https://www.levada.ru/en/2020/03/19/constitutional-amendments/.

Levada Center (2020b). "Trust in Politicians." Retrieved from https://www.levada.ru/2020/10/12/doverie-politikam-5/.

Levada Center (2020c). "Alexey Navalny: Attitude and Poisoning." Retrieved from https://www.levada.ru/2020/10/02/aleksej-navalnyj-otnoshenie-i-otravlenie/.

Levada Center (2020d). "Poisoning of Alexei Navalny." Retrieved from https://www.levada.ru/2020/12/24/chto-rossiyane-dumayut-ob-otravlenii-alekseya-navalnogo/.

Levada Center (2020e). "Coronavirus." Retrieved from https://www.levada.ru/2020/03/02/koronavirus/.•

Levada Center (2020f). "Coronavirus Pandemic." Retrieved from https://www.levada.ru/2020/03/26/pandemiya-koronavirusa/.

Levada Center (2020g). "The Great Power." Retrieved from https://www.levada.ru/2020/01/28/velikaya-derzhava/.

Levada Center (2020h). "Structure and Reproduction of Memory of the Soviet Union." Retrieved from https://www.levada.ru/2020/03/24/struktura-i-vosproizvodstvo-pamyati-o-sovetskom-soyuze/.

Levada Center (2020i). "Perception of 'Perestroika." Retrieved from https://www.levada.ru/2020/11/03/vospriyatie-perestrojki/.

Levada Center (2020j). "Environmental Problems" Retrieved from https://www.levada.ru/en/2020/02/18/environmental-problems/.

Levada Center (2019a). "The Soviet Union." Retrieved from https://www.levada.ru/en/2019/08/07/the-soviet-union/.

Levada Center (2019b). "Savings of Russians." Retrieved from https://www.levada.ru/2019/05/16/sberezheniya-rossiyan/.

Levada Center (2019c). "President: Trust and Vote." Retrieved from https://www.levada.ru/2019/07/30/prezident-doverie-i-golosovanie/.

Levada Center (2017). "Protests and Navalny." Retrieved from https://www.levada.ru/2017/07/17/protesty-i-navalnyj/.

Levada Center (2015). "Kursk." Retrieved from https://www.levada.ru/en/2015/08/13/kursk/.

Levada Center (2013). *Russian Public Opinion 2012-2013*. Moscow: The Analytical Centre of Yury Levada. Retrieved from http://www.levada.ru/sites/default/files/2012_eng.pdf.

Lim Young-dae (2019). "Was the Jangsa Landing really known for the first time in 1997?" *Newstop*. Retrieved from http://www.newstof.com/news/articleViewAmp.html?idxno=2032.

Lion, Lviv (2020). "In Belarus, the number of supporters of the alliance with Russia decreased by 20%." *thinktank.by*. Retrieved from https://thinktanks.by/publication/2020/02/06/v-belarusi-na-20-protsentov-sokratilos-chislo-storonnikov-soyuza-s-rossiey.html.

Lo, Bobo (2015). *Russia and the New World Disorder*. Washington: Brookings Inst. Press.

Lukashenko, Alexander (2014). "Robust economy and honest authority are the foundation of the country's independence and prosperity." Retrieved from https://president.gov.by/en/events/alexander-lukashenko-to-deliver-state-of-the-nation-address-on-22-april-8550.

Lukin, Alexander (2020). "Has the Peak Passed?" *Russia in Global Politics* No.3 2020 May/June. Retrieved from https://globalaffairs.ru/articles/pik-minoval/.

Lukin, Alexander (1991). "The Initial Soviet Reaction to the Events in China in and the Prospects for Sino-Soviet Relations." *The China Quarterly* 125: 119.

Mahovsky, Andrei (2019). "Opposition Wins No Seats in Belarus Election,

Lukashenko Vows to Stay Put." *Reuters*. Retrieved from https://www. reuters.com/article/us-belarus-election/opposition-wins-no-seats-in-belarus-election-lukashenko-vows-to-stay-put-idUSKBN1XS0K9.

Makanbai, Gulmira (2021). "Kyrgyzstan has highest unemployment rate in EAEU." *24.kg*. Retrieved from https://24.kg/english/189019__Kyrgyzstan_has_highest_unemployment_rate_in_EAEU/.

Makarov, Igor (2017). "Carbon Emissions Embodied in Russia's Trade." *Review of European and Russian Affairs*, 11(2): 1-20. Retrieved from https://www. researchgate.net/publication/326240144_Carbon_Emissions_Embodied_in_Russia's_Trade_Implications_for_Climate_Policy.

Maull, Hann (2022). "Why China isn't backing away from Alignment with Russia?" *Dipolmat*. Retrieved from https://thediplomat.com/2022/04/why-china-isnt-backing-away-from-alignment-with-russia/.

McFaul, Michael. et al. (2004). "Postscript: The 2003 Parliamentary Elections and the Future of Russian Democracy." In *Between Dictatorship and Democracy: Russian Post-Communist Political Reform*. Washington, D.C.: Carnegie Endowment.

McNulty, Phil (2022). "Roman Abramovich to sell Chelsea: Owner 'rewrote the rules' on how to run a successful club." *BBC Sports*. Retrieved from https://www.bbc.com/sport/football/60601466.

Mearsheimer, John (2014). "Why the Ukraine Crisis is the West's Fault: The Liberal Delusions that Provoked Putin." *Foreign Affairs*, September/ October 2014: 1-12. Retrieved from https://www.mearsheimer.com/wp-content/uploads/2019/06/Why-the-Ukraine-Crisis-Is.pdf.

Meredith, Sam (2022). "The Ukraine war is upended the energy transition." *CNBC*. Retrieved from https://www.cnbc.com/2022/05/20/ukraine-crisis-what-does-russias-war-mean-for-global-climate-goals.html.

Ministry of Foreign Affairs of the Republic of Armenia (n.d.). "Nagorno-Karabakh issue." Retrieved from https://www.mfa.am/en/nagorno-karabakh-issue.

Mirovalev, Mansur (2022). "Donetsk and Luhansk: What you should know about the 'republics'." *Al Jazeera*. Retrieved from https://www.aljazeera. com/news/2022/2/22/what-are-donetsk-and-luhansk-ukraines-separatiststatelets

Motyl, Alexander, J. (2010). "Deleting the Holodomor: Ukraine unmakes itself." *World Affairs* 173 (3), 25-33.

Movchan, Audrey (2020). "Cartels investors. How the fight in the oil market will affect the Russian economy." *Carnegie Endowment for International Peace*. Retrieved from https://carnegie.ru/commentary/81243.

Muggeridge, Malcolm (1982). *Chronicles of Wasted Time. Vol. Chronicle 1: The Green Stick*. New York: Quill.

Navalny, Alexey (2017). "Unpacking the gadget for 10 billion rubles." *YouTube*. Retrieved from https://www.youtube.com/watch?v=6dIjeUB51-s.

NATO Public Diplomacy Division (2019). "Defence Expenditure of NATO Countries (2013-2019)." *NATO Press Release*. Retrieved from https://www.nato.int/nato_static_fl2014/assets/pdf/pdf_2019_11/20191129_pr-2019-123-en.pdf.

Nirmala, Ronna & Neelakantan, Shailaja (2022). "France, US Woo Indonesia With Defense Sales." *Benar News*. Retrieved from https://www.benarnews.org/english/news/indonesian/indonesia-to-buy-rafale-while-us-approves-f-15id-sale-02102022164807.html.

Negroponte, Diana (2015). "Russo-Latin American Arms Sales." *Americas Quarterly*. Retrieved from https://www.americasquarterly.org/russo-latin-american-arms-sales/.

Olley, James & Marcotti, Gab (2022). "Chelsea, Roman Abramovich and the future: What does his announcement mean? Will the club be sold?" *ESPN*. Retrieved from https://www.espn.com/soccer/chelsea-engchelsea/story/4605755/chelsearoman-abramovich-and-the-future-what-does-his-announcement-mean-will-the-club-be-sold.

OSCE Minsk Group (2009). "Statement by the OSCE Minsk Group Co-Chair countries." *Organization for Security and Co-operation in Europe*. Retrieved from https://www.osce.org/mg/51152.

Poznyakov, Andrey (2022). ""Do Russians want wars?": what do the opinion poll data say?" *Euronews*. Retrieved from https://ru.euronews.com/2022/03/12/why-russians-support-war-ppp.

President of Russia (2009). "Climate Doctrine of the Russian Federation."

Official network resources, President of Russia. Retrieved from http://en.kremlin.ru/supplement/4822.

Prior, Neil. (2012). Journalist Gareth Jones' 1935 murder examined by BBC Four. *BBC News*. Retrieved from https://www.bbc.com/news/uk-wales-south-east-wales-18691109.

Putin, Vladimir (2021a). "On the historical unity of Russians and Ukrainians.". *Official network resources, President of Russia*. Retrieved from http://www.kremlin.ru/events/president/news/66181.

Putin, Vladimir (2021b). "Interview with American TV company NBC." *Official network resources, President of Russia*. Retrieved from http://kremlin.ru/events/president/news/65861.

Putin, Vladimir (2000). "Speech at the parade dedicated to the 55th anniversary of Victory in the Great Patriotic War." *Official Network Resources, President of Russia*. Retrieved from http://kremlin.ru/events/president/transcripts/21421.

Putin, Vladimir (1999). "Russia at the Turn of the Millennium." Retrieved from https://pages.uoregon.edu/kimball/Putin.htm.

Rabota.by (2020). "About 40% of employers do not take any action in the context of coronavirus." *rabota.by*. Retrieved from https://rabota.by/article/26473.

Rating Group Ukraine (2019a). "The dynamics of attitude towards the 1932-33 Holodomor." Retrieved from https://ratinggroup.ua/en/research/ukraine/dinamika_otnosheniya_k_golodomoru_1932-33_gg.html.

Rating Group Ukraine (2019b). "Attitudes of Ukrainians towards the occupied territories issue solution." Retrieved from https://ratinggroup.ua/en/research/ukraine/otnoshenie_ukraincev_k_resheniyu_voprosa_okkupirovannyh_territoriy.html.

Remington, Thomas F. (2012). "Parliament and the dominant party regime." In Stephen K. Wegren ed. *Return to Putin's Russia: Past Imperfect, Future Uncertain*. Lanham: Rowman & Littlefield.

Remington, Thomas F. (2001). "Is There a Separation of Powers in Russia?" *Carnegie Endowment for International Peace*. Retrieved from https://carnegieendowment.org/2001/01/09/is-there-separation-of-powers-in-russia-event-250.

Rennison, Joe (2020). "Saudi-Russia price war puts \$110bn of US energy bonds on the brink." *Financial Times*. Retrieved from https://www.ft.com/content/ ef518832-62f1-11ea-a6cd-df28cc3c6a68.

Repucci, Sarah & Slipowitz, Amy (2021). "Democracy under Seige." *Freedom House*. Retrieved from https://freedomhouse.org/report/freedom-world/2021/democracy-under-siege.

Reuters Staff (2020). "Russia faces 2020 budget deficit of 0.9% of GDP at current oil prices." *Reuters*. Retrieved from https://www.reuters.com/ article/russia-gdp-oil/russia-faces-2020-budget-deficit-of-0-9-of-gdp-at-current-oil-prices-idUSL8N2B708D.

Rhodium Group (2020). "Cumulative value of Chinese FDI in the EU by country 2000-2019." *Merics*. Retrieved from https://merics.org/sites/ default/files/2020-04/MERICSRhodiumGroupCOFDIUpdate2020Figure4. jpg.

Rieber, Alfred J. (2007). "How Persistent Are Persistent Factors?" In Robert Legvold ed. *Russian Foreign Policy in the Twenty-first Century and the Shadow of the Past*. New York: Columbia University Press.

Rodin, Ivan (2022). "Popular support gives the Kremlin the right to any action." *Nezavisimaya Gazeta*. Retrieved from https://www.ng.ru/ politics/2022-03-31/1_8406_rating.html.

Russia Monitor (2020). "OPEC+ is favorable for Russia." *Warsaw Institute*. Retrieved from https://warsawinstitute.org/opec-favorable-russia/.

RT (2015). "'His face was totally burned': Kursk submariner's widow speaks with RT." *RT*. Retrieved from https://www.rt.com/news/312260-families-crew-kursk-submarine/.

Rumer, Eugene & Weiss, Andrew S. (2021). "Ukraine: Putin's Unfinished Business." *Carnegie Endowment for International Peace*. Retrieved from https://carnegieendowment.org/2021/11/12/ukraine-putin-s-unfinished-business-pub-85771.

Ryabov, Andrei (2004). "Legislative-Executive Relations." In Michael McFaul et al. *Between Dictatorship and Democracy: Russian Post-Communist Political Reform*. Washington: Carnegie Endowment.

Safonov, Andrey (2022). "Poll data: the people of Russia support the denazification of Ukraine." *Regnum*. Retrieved from https://regnum.ru/news/society/3520946.html.

Sakwa, Richard (2015). "Questioning Control and Contestation in Late Putinite Russia." *Europe-Asia Studies*, 67 (2): 192-208.

Sakwa, Richard (2008). *Russian Politics and Society*. London: Routledge.

Satio (2020a). "How do Belarusians Respond to Coronavirus?" Retrieved from https://satio.by/novosti/issledovanie-kak-zhiteli-belarusi-reagirujut-na-koronavirus/.

Satio (2020b). "Results of the Fourth Wave of the Study 'How Belarusians Respond to Coronavirus: Economic Consequences of the Crisis." Retrieved from https://satio.by/novosti/issledovaniecoronavirus4volnaeconomy/.

Seah, Sharon et al. (2022). *The State of Southeast Asia 2022 Survey Report*. Singapore: ASEAN Studies Centre at ISEAS-Yusof Ishak Institute. Retrieved from https://www.iseas.edu.sg/wp-content/uploads/2022/02/The-State-of-SEA-2022_FA_Digital_FINAL.pdf.

Shakleina, Tatiana & Bogaturov, Alexei D. (2004). "The Russian Realist school of international relations." *Communist and Post-Communist Studies*, 37 (1): 37-51. Retrieved from https://www.jstor.org/stable/48609486?seq=1.

Shemetov, Maxim (2019). "What does Russia stand to lose in Venezuela?" *Meduza*. Retrieved from https://meduza.io/en/feature/2019/01/24/what-does-russia-stand-to-lose-in-venezuela.

Siow, Maria (2021). "Myanmar coup: Asean sitting on the fence shouldn't be an option." *South China Morning Post*. Retrieved from https://www.scmp.com/week-asia/opinion/article/3120554/myanmar-coup-asean-sitting-fence-shouldnt-be-option.

Skosyrev, Vladimir (2022). "Beijing does not want to support Moscow at the expense of ties with the United States." *Nezavisimaya Gazeta*. Retrieved from https://www.ng.ru/world/2022-02-21/6_8377_china.html.

Stronski, Paul & Ng, Nicole (2018). "Cooperation and Competition: Russia and China in Central Asia, Russia Far East, and the Arctic." *Carnegie Endowment for International Peace*. Retrieved from https://carnegieendowment.org/2018/02/28/cooperation-and-competition-russia-and-china-in-central-asiarussian-far-east-and-arctic-pub-75673.

TASS (2020). "We Don't Need a Show." *Meduza*. Retrieved from https://meduza.io/en/feature/2020/03/17/we-don-t-need-a-show.

Taylor, Sally J. (n.d.). "A Blanket of Silence: The Response of the Western Press Corps in Moscow to the Ukraine Famine of 1932-33." Retrieved from http://www.holodomorsurvivors.ca/Docs/Taylor,%20Susan%20J%20A%20Blanket%20of%20Silence.pdf.

Timofeev, Ivan (2021). "War Between Russia and Ukraine: A Basic Scenario." *Russian International Affairs Council*. Retrieved from https://russiancouncil.ru/en/analytics-and-comments/analytics/war-between-russia-and-ukraine-a-basic-scenario/?sphrase_id=87147772.

Tokayev, K. (2020). "On the Concept of the Foreign Policy of the Republic of Kazakhstan for 2020-2030." *Official Website of the President of the Republic of Kazakhstan*. Retrieved from https://www.akorda.kz/en/legal_acts/decrees/on-the-concept-of-the-foreign-policy-of-the-republic-of-kazakhstan-for-2020-2030.

Trenin, Dmitri V. (2003). "The Forgotten War: Chechnya and Russia's Future." *Carnegie Endowment for International Peace*. Retrieved from https://carnegieendowment.org/files/Policybrief28.pdf.

Trenin, Dmitri (2020). "What Does Russia Want From the United States?" *Carnegie Endowment for International Peace*. Retrieved from https://carnegie.ru/commentary/81562.

Truscott, Peter (2002). *Kursk: Russia's Lost Pride*. London: Simon & Schuster.

Tsygankov, Andrei P. (2019, 5th ed). *Russia's Foreign Policy: Change and Continuity in National Identity*. Lanham: Rowman & Littlefield.

UNFPA (2020). "COVID-19 Situation Report No. 6 for UNFPA Eastern Europe and Central Asia." Retrieved from https://www.unfpa.org/resources/covid-19-situation-report-no-6-unfpa-eastern-europe-and-central-asia.

Vinokurov, Andrey et al. (2021). "Saturday's promotions were treated quite everyday." *Kommersant*. Retrieved from https://www.kommersant.ru/doc/4661994.

VTsIOM (2022). "Victory Day is the Main Holiday of the Country." *VTsIOM News*. Retrieved from https://wciom.ru/analytical-reviews/analiticheskii-obzor/den-pobedy-glavnyi-prazdnik-strany.

VTsIOM (2021). "Memory of the USSR: Gagarin vs Gorbachev." *VTsIOM News*. Retrieved from https://wciom.ru/analytical-reviews/analiticheskii-obzor/pamjat-ob-sssr-gagarin-protiv-gorbacheva.

Weafer, Chris (2020). "Oil War: Who Will Brink First?" *The Moscow Times*. Retrieved from https://www.themoscowtimes.com/2020/03/10/oil-war-who-will-blink-first-a69570.

Willerton, John P (2005). "Putin and the Hegemonic Presidency." In Stephen White et al. *Developments in Russian Politics 6*. London: Macmillan International Higher Education.

Wilson, Kenneth (2015). "Modernization or More of the Same in Russia: Was There a 'Thaw' Under Medvedev?" *Problems of Post-Communism*, 62 (3): 145-158.

Wong, Ka-ho (2020a). "How Will the Coronavirus Outbreak Affect Russia-China Relations?" *The Diplomat*. Retrieved from: https://thediplomat.com/2020/03/how-will-the-coronavirus-outbreak-affect-russia-china-relations/.

Wong, Ka-ho (2020b). "Should China Worry About the Russia-US Reset?" *The Diplomat*. Retrieved from: https://thediplomat.com/2020/05/should-china-worry-about-the-russia-us-reset/.

The World Bank (2020). "Belarus' Economy Can Face a Severe Shock, says World Bank." Retrieved from https://www.worldbank.org/en/news/press-release/2020/05/26/belarus-economic-update-spring-2020.

The World Bank (2014). "Energy Efficiency in Russia: Untapped Reserves." Retrieved from https://documents1.worldbank.org/curated/en/573971468107682519/pdf/469360WP0Box331C10EE1in1Russia1engl.pdf.

The World Bank (n.d.). "GDP (Current US$) - Belarus." Retrieved from https://data.worldbank.org/indicator/NY.GDP.MKTP.CD?end=2018&locations=BY&start=2010&view=chart.

Zhaparov, Sadyr (2021). "Allied Ties." Reposted in *Official Website of the President of Kyrgyz*. Retrieved from http://www.president.kg/ru/sobytiya/vystupleniya_obrascheniya/18658_opublikovana_statya_prezidenta_

sadira_ghaparova_soyuznicheskie_uzi_ovzaimootnosheniyah_isvyazyah_
kirgizstana_irossii.

Zuenko, Ivan (2021). "China and the events of 1991 in the Soviet Union (to
the 100th anniversary of the Communist Party of China and the 30th
anniversary of the collapse of the USSR)." *International Analytics*.
Retrieved from https://www.interanalytics.org/jour/article/view/315.

俄文部分

Алексеев, Алексей (2003). "Электорат обманул всех." Коммерсантъ. URL:
https://www.kommersant.ru/doc/433668.

Агора (2019). "Доклад Агоры: 662 842 факта ограничения свободы
вспышка кори зафиксирована в России в 2018 году." URL: https://www.
agora.legal/news/2019.02.05/Doklad-Agory-662-842-fakta-ogranicheniya-
svobody-interneta-zafiksirovany/883.

Бессуднов, Алексей (2022). "Если верить государственным соцопросам,
большинство россиян поддерживают войну в Украине. Но можно ли
им верить?" Медуза. URL: https://meduza.io/feature/2022/03/05/esli-
verit-gosudarstvennym-sotsoprosam-bolshinstvo-rossiyan-podderzhivayut-
voynu-v-ukraine-no-mozhno-li-im-verit.

Богатуров, Алексей Д. (1996). "Плюралистическая однополярность и
интересы России." Свободная мысль, № 2. С. 25-36.

Bizon KGZ (2022). "Участники протеста и военные дружно обедают в
Актау." Youtube. Retrieved from https://youtu.be/M1sQOz9pdOo.

Габуев, Александр и Умаров, Темур (2020). "Экстренное сближение. Как
пандемия усилит зависимость России от Китая." Московский Центр
Карнеги. URL: https://carnegie.ru/commentary/81633.

Горбачев, Михаил С. (2018). В меняющемся мире. Москва: АСТ.

Голос (2020). "Предварительное заявление по итогам общественного
наблюдения за ходом общероссийского голосования по изменению
Конституции." URL: https://www.golosinfo.org/articles/144477.

Дергачев, Владимир (2018). "В РАНХиГС рассказали о запросе россиян на левый поворот в политике." РБК. URL: https://www.rbc.ru/politics/25/10/2018/5bd1b4a89a7947b421dc4b0e.

Зуенко, Иван Ю. (2021). "Китай и события 1991 г. в Советском Союзе (к 100-летию Коммунистической партии Китая и 30-летию распада СССР)." Международная аналитика, 12 (1). С. 96-111. URL: https://doi.org/10.46272/2587-8476-2021-12-1-96-111.

Колесников, Андрей (2020). "Собрать заново. Каким будет путинское большинство 3.0." Московский Центр Карнеги. URL: https://carnegie.ru/commentary/82076.

Коломыченко, Мария (2020). "Как контролировать явку бюджетников, которые должны проголосовать за поправки? Для этого разработана специальная электронная система." Медуза. URL: https://meduza.io/feature/2020/06/24/kak-kontrolirovat-yavku-byudzhetnikov-kotorye-dolzhny-progolosovat-za-popravki-dlya-etogo-razrabotana-spetsialnaya-elektronnaya-sistema-rassledovanie-meduzy.

Кокшарова, Саша (2019). "«Дирижёр беспорядков»: Что известно об участнике протестов Егоре Жукове." Wonderzine. URL: https://www.wonderzine.com/wonderzine/life/life/245443-egorzhukov.

Кречетников, Артем (2013). "Корейская война: еще одна загадка Сталина." Би-би-си. URL: https://www.bbc.com/russian/russia/2013/07/130727_korean_war_stalin.

Ларин, Виктор Л. (2021). "Представляя рубрику (Две знаменательные даты: 100 лет Коммунистической партии Китая и 20 лет российско-китайскому договору о добрососедстве, дружбе и сотрудничестве)." Россия и АТР, No. 2, С. 29-32. URL: DOI 10.24412/1026-8804-2021-2-29-32.

Литаврин, Максим, Френкель, Давид, Шулаев, Никита и Козкина, Анна (2020). "В России от коронавируса погибли не меньше 186 медиков - смертность среди них в 16 раз выше, чем в других странах." Медиазона. URL: https://zona.media/article/2020/05/19/martyrology.

Ломанов, Александр (2021). "«Примаковские чтения»: роль Китая на мировой арене." Центр Международной Торговли. URL: https://wtcmoscow.ru/company/news/996/.

Макутина, Мария (2021). "КПРФ заняла оборонительную позицию." Коммерсантъ. URL: https://www.kommersant.ru/doc/4661409.

Митрова, Татьяна (2020). "Корона-нефтяной обвал. Что ждет российскую энергетику после эпидемии." Московский Центр Карнеги. URL: https://carnegie.ru/commentary/81790.

Мыльников, Павел (2019). "Большинство жителей Донбасса считают непризнанные "ДНР" и "ЛНР" частью Украины." Deutsche Welle. URL: https://dw.com/p/3OZhB.

Понамарева, Екатерина (2019). "Егор Жуков: «первый вышкинский политзаключенный»." The Vyshka. URL: https://thevyshka.ru/25231-egor-zhukov-arest/.

Право на захист (2021). "АНАЛІЗ Проєкту ЗУ «Про засади державної політики перехідного періоду»." URL: https://r2p.org.ua/polityka-perehidnogo-periodu-analiz/.

Профиль (2009). "Архивная публикация 2009 года: 'Здесь решилась судьба СССР.'" URL: https://profile.ru/archive-reshilas-sudba-sssr-120896.

Становая, Татьяна (2020). "Вирусное осложнение. Что ждет российский режим после карантина." Московский Центр Карнеги. URL: https://carnegie.ru/commentary/81782.

Тренин, Дмитрий (2020). "Как России удержать равновесие в посткризисном биполярном мире." Московский Центр Карнеги. URL: https://carnegie.ru/commentary/81541.

Федеральная служба государственной (Росстат) (2019). "Социально-экономическое положение России в январе-июне 2019 года." URL: http://www.gks.ru/free_doc/new_site/rosstat/smi/news-290719.htm.

Фонд Общественное Мнение (ФОМ) (2019). "Динамика материального положения россиян." URL: https://fom.ru/Ekonomika/14233.

新·座標41　PF0326

新銳文創　普丁的俄羅斯帝國夢
INDEPENDENT & UNIQUE

作　　者	王家豪、羅金義
責任編輯	尹懷君
圖文排版	黃莉珊
封面設計	劉肇昇

出版策劃	新銳文創
發 行 人	宋政坤
法律顧問	毛國樑　律師
製作發行	秀威資訊科技股份有限公司
	114 台北市內湖區瑞光路76巷65號1樓
	電話：+886-2-2796-3638　傳真：+886-2-2796-1377
	服務信箱：service@showwe.com.tw
	http://www.showwe.com.tw
郵政劃撥	19563868　戶名：秀威資訊科技股份有限公司
展售門市	國家書店【松江門市】
	104 台北市中山區松江路209號1樓
	電話：+886-2-2518-0207　傳真：+886-2-2518-0778
網路訂購	秀威網路書店：https://store.showwe.tw
	國家網路書店：https://www.govbooks.com.tw

| 出版日期 | 2022年9月　BOD一版 |
| 定　　價 | 320元 |

讀者回函卡

國家圖書館出版品預行編目

普丁的俄羅斯帝國夢 / 王家豪, 羅金義作. -- 一
版. -- 臺北市：新銳文創, 2022.09
　　面；　公分. -- (新.座標；41)
　BOD版
　ISBN 978-626-7128-43-5 (平裝)

　1.CST: 政治 2.CST: 俄國

574.48　　　　　　　　　　　　111012653